번뇌와 함께 춤춰라

번뇌와 함께 춤춰라

煩悩と共に踊れ

일본불교 고승 이야기

함현준 지음

운주사

일본불교 명승 이야기를 시작하며

불법의 진리는 국경을 넘어 흐르는 맑은 물과 같습니다. 일본의 큰스님들이 걸었던 구도의 길은, 비록 언어와 문화는 다를지라도, 오늘을 살아가는 우리의 마음에 깊은 울림을 줄 수 있을 것입니다. 그들의 수행과 깨달음, 자비로운 실천행은 시공을 초월한 불교의 가르침이 얼마나 위대한지를 보여주고 있습니다.

한국과 일본의 불교는 마치 한 뿌리에서 자라난 두 가지와 같습니다. 서로 다른 모습으로 자라왔지만, 그 근본은 하나입니다. 우리가 주목해야 할 것은 이 두 전통이 지닌 차이점보다는 함께 공유하고 있는 부처님의 마음일 것입니다. 이를 통해 우리는 서로의 지혜를 배우고 성장해 나갈 수 있습니다. 이러한 상호 이해와 존중의 과정은 우리 불교의 발전을 위해서도 필요한 길이라 생각합니다.

격동의 시대를 살아간 일본 고승들의 일화를 통해 우리는 자신을 돌아보고, 수행의 의미를 되새기며, 일상의 삶 속에서 어떻게 살아가야 하는가에 대한 영감을 얻게 될 것입니다. 이는 단순한 역사적 탐구가 아닌, 현재를 살아가는 우리 불자들의 삶에 새로운 활력을 불어넣는 여정이 되리라 생각합니다.

특히 이 책에 등장하는 일본 명승들의 가르침에서 우리는 불교 수행의 다양한 면모를 발견하게 됩니다. 하쿠인(白隱)의 평상심, 도겐(道元)의 좌선관, 호넨(法然)과 신란(親鸞)의 정토사상, 쿠야(空也)의 거리 포교에서 보듯, 일본불교는 경직된 형식보다는 살아 있는 실천을 중시해 왔습니다. 이들의 행보는 불법이 단순히 사찰 안의 의례에 머물지 않고 민중의 삶 속으로 파고들어야 한다는 귀중한 통찰을 전해줍니다.

주목할 점은 이러한 일본 고승들의 가르침이 종교적 영역을 넘어 일본의 사상과 철학 전반에 깊이 스며들었다는 사실입니다. 도겐의 시간관은 근대 일본 철학자들의 존재론에, 선불교의 무심과 직관은 일본 특유의 미의식과 예술관에, 그리고 정토사상의 인간관은 근세 일본의 윤리사상 형성에 적지 않은 영향을 끼쳤습니다. 이처럼 불교 사상이 일본 문화의 깊은 저류를 이루며 흘러온 것은 이들 명승들의 창의적 해석과 실천이 있었기에 가능했던 일이었습니다.

부디 이 책이 한국과 일본불교의 상호 이해와 교류를 증진시키는 작은 다리가 되기를 바랍니다. 양국 불교가 지닌 고유한 특색과 전통을 존중하면서도, 공통된 부처님의 가르침 안에서 서로의 지혜를 나누고 배울 수 있다면 이보다 더 의미 있는 일은 없을 것입니다. 이러한 도반의 정신으로 함께 정진할 때, 동아시아 불교 전체가 한층 더 풍요로워질 수 있으리라 확신합니다. 부처님의 지혜와 자비가 널리 퍼져 모든 이들의 마음에 가득하기를 기원합니다.

2026년 1월

京都 龍谷大學

세계불교문화연구센터 보경 함현준 합장

제 1 장

번뇌는 없애는 것이 아니다

— 좌선으로 세상을 바꾼 선사들

특별하지 않은 것이 가장 특별하다
– 하쿠인(白隱)

"평상심이 도다(平常心是道)"

에도 시대 어느 추운 겨울날 아침, 시즈오카의 작은 절 쇼인지(松蔭寺)에서 한 노승이 빗자루를 들고 마당을 쓸고 있었습니다. 눈이 펄펄 내리는 추위에도 스님의 얼굴에는 평온한 미소가 번져 있었습니다. 바로 하쿠인, 백은(白隱, 1686~1768) 선사였습니다.

"스승님, 왜 이런 궂은 날씨에 직접 청소를 하십니까? 제자들이 하면 되는데요.”

젊은 제자가 다가와 물었습니다. 노승은 빗자루질을 멈추지 않고 대답했습니다.

“이 눈송이 하나하나가 모두 부처님의 설법이니, 내가 직접 들어야 하지 않겠느냐? 청소를 하는 이 마음과 좌선하는 마음이 어디 다르겠느냐?”

하쿠인 스님은 일본 임제종 선불교를 중흥시킨 위대한 선사였습니다. 어려서부터 총명했던 그는 열다섯 살에 출가하여 여러 스승을 찾아다니며 치열하게 수행했습니다. 특히 조동종과 임제종을 모두 깊이 공부하며 선의 진수를 터득했고, 후에는 서민들도 쉽게 이해할 수 있는 친근한 선의 가르침을 펼쳐 스님의 가르침을 사람들은 ‘서민선庶民禪’이라 부르기도 했습니다.

그런 스님도 젊은 시절에는 깨달음에 대한 교만에 빠진 적이 있었습니다. 어느 봄날, 하쿠인은 스승에게 자신의 깨달음을 자랑스럽게 설명하고 있었습니다.

“스님, 저는 이제 무無의 경지에 들었습니다. 마음이 비어 있어 아무것도 걸림이 없습니다.”

스승은 갑자기 손에 들고 있던 부채로 하쿠인의 머리를 탁쳤습니다.

"아야!"

하쿠인이 소리를 지르자, 스승이 빙그레 웃으며 말했습니다.

"무의 경지라면서 아프다고 소리를 지르는구나. 그 '아야' 하는 것이 대체 누구냐?"

이 순간 하쿠인 스님은 자신의 착각을 깨달았습니다. 진정한 깨달음이란 어떤 특별한 상태가 아니라, 바로 지금 이 순간의 생생한 현실임을 알게 된 것입니다.

그 후 하쿠인 스님은 더욱 정진에 매진했습니다. 어느 날 밤 좌선 중에 절 마당에서 들려오는 종소리를 듣는 순간, 문득 모든 것이 명료해졌습니다. 종소리와 자신, 듣는 자와 들리는 것이 둘이 아님을 깨달았던 것입니다.

"종소리가 나를 깨우는 것이 아니라, 내가 종소리가 되어 울고 있구나."

스님의 이 깨달음은 후일 그의 대표적인 가르침이 되었습니다.

어느 날 한 상인이 찾아와 스님에게 물었습니다.

"스님, 저는 장사하느라 하루 종일 바쁩니다. 언제 수행을 해야 할지 모르겠습니다."

하쿠인 선사는 차를 우리며 대답했습니다.

"손님을 맞을 때도 수행이고, 물건을 팔 때도 수행이고, 밥을 먹을 때도 수행입니다. 수행이 따로 있다고 생각하는 그 마음이 이미 미혹입니다."

"그럼 저는 이미 수행자인가요?"

"지금 이 순간 진심으로 묻고 있지 않습니까? 그 진실한 마음이 바로 부처님 마음입니다."

상인은 눈물을 글썽이며 절을 올렸습니다.

하쿠인 스님의 인품을 보여주는 유명한 일화가 있습니다. 어느 날 절 아랫마을에 사는 한 처녀가 갑자기 아이를 낳았습니다. 부모들이 아이의 아버지가 누구냐고 다그치자, 처녀는 질책이 두려운 나머지 그만 자기도 모르게 거짓말을 했습니다.

"뒷산의 하쿠인 스님이 아이 아버지입니다."

이 소문이 퍼지자 사하촌寺下村의 마을 사람들이 들고 일어났습니다. 분노한 사람들이 갓난아이를 데리고 절로 몰려와 하쿠인을 비난했습니다.

"스님이 어떻게 이런 일을 저지를 수 있습니까!"

"절대 용서할 수 없습니다!"

하지만 하쿠인의 반응은 뜻밖이었습니다.

"아, 그렇습니까?"

그것이 전부였습니다. 변명도 하지 않고, 화내지도 않고, 그저 담담하게 받아들였습니다. 그리고는 갓난아이를 받아 안으며 정성껏 돌보기 시작했습니다. 우유를 구해다 먹이고, 밤새 울음을 달래며 마치 진짜 아버지처럼 보살폈습니다.

몇 달이 지나 처녀가 양심의 가책을 견디지 못하고 진실을 털어놓았습니다. 진짜 아이 아버지는 이웃 마을의 다른 젊은이였던 것입니다. 부모와 마을 사람들이 다시 절로 몰려와 머리 숙여 사과했습니다.

"스님, 뭐라 드릴 말씀이 없습니다. 정말 죄송합니다. 저희가 잘못 알았습니다."

이때도 하쿠인의 반응은 똑같았습니다.

"아, 그렇습니까?"

그리고는 아무 일 없다는 듯이 아이를 돌려보냈습니다. 칭찬받을 때나 비난받을 때나 전혀 달라지지 않는 평상심이야말로 진정한 깨달음이라는 것을 몸소 보여준 일화입니다.

하쿠인 선사의 가르침 가운데에서 가장 유명한 것은 '박수

소리(拍手聲)' 화두입니다. 어느 날 한 제자가 찾아와 물었습니다.

"스승님, 어떻게 하면 빨리 깨달을 수 있습니까?"

하쿠인 스님은 두 손뼉을 마주쳐 박수를 쳤습니다.

"이것은 두 손의 소리다. 그럼 한 손의 소리는 무엇이냐?"

제자는 며칠 동안 고민했지만 답을 찾지 못했습니다. 온갖 소리를 내어보고, 갖가지 동작을 해보았지만 스승은 고개를 저을 뿐이었습니다. 그리고 마침내 제자가 다시 찾아와 말했습니다.

"스승님, 한 손의 소리는 침묵입니다."

"그것도 생각으로 만든 답이구나. 한 손의 소리를 가져와 보아라."

제자는 한참을 고민하다가 마침내 깨닫게 되었습니다. 한 손의 소리란 소리가 있는 것도 없는 것도 아닌, 분별을 떠난 본래 마음 그 자체임을.

그날 이후, 제자는 정진을 계속했지만 완전한 깨달음에는 이르지 못했습니다. 어느 겨울날 아침, 제자가 선방에서 좌선을 하고 있을 때 갑자기 대나무 가지가 부러지는 소리가 들렸습니다. 그 순간 제자는 모든 분별심이 사라지고 마음과 세계가 하나로 융합되는 체험을 했습니다. 기쁨에 찬 제자는 하쿠인 선사를 찾아가 자신의 체험을 말했습니다. 하쿠인은 웃으며 말했습니다.

"이제 너는 한 손의 소리를 들었구나. 하지만 그것을 붙잡지 마라. 들음도 없고 듣지 않음도 없는 곳에서 진정한 소리가 흘러나온다."

제자는 절을 올리고 물러났습니다. 그 후 그는 하쿠인의 법을 이어받아 많은 제자들에게 '한 손의 소리'를 전하며, 선의 핵심인 불이不二의 지혜를 깨우치게 했습니다.

어느 날 한 부자가 온갖 공양물을 가지고 절을 찾아왔습니다. 화려한 비단과 값비싼 향, 황금으로 만든 불상까지 가져와 자랑스럽게 진열했습니다.

"스님, 이렇게 정성껏 공양을 올렸으니 큰 복을 받을 수 있겠지요?"

하쿠인은 그 화려한 공양물들을 둘러보더니 마당 한구석에서 시든 들꽃 한 송이를 꺾어왔습니다.

"이 들꽃과 당신의 황금 불상 중 어느 것이 더 값진지 아십니까?"

부자가 당황해하자 스님이 미소 지으며 말했습니다.

"들꽃은 아무것도 바라지 않고 그저 자신의 향기를 세상에 내어줍니다. 진정한 공양은 무엇을 얻으려는 마음이 아니라, 무엇을 나누려는 마음에서 나오는 것입니다."

부자는 깊이 고개를 숙였습니다.

하쿠인 선사의 가르침은 특별히 서민들에게 친근했습니다. 어려운 경전 용어 대신 일상의 언어로, 복잡한 이론 대신 생활 속 지혜로 설법했기 때문입니다.

어느 날 한 농부가 물었습니다.

"스님, 부처가 되려면 무엇을 해야 합니까?"

"논밭을 갈 때 정성껏 갈고, 씨를 뿌릴 때 마음을 다해 뿌리고, 추수할 때 감사한 마음으로 거두어들이시오. 그것이 바로 부처의 행입니다."

"그럼 저도 부처가 될 수 있나요?"

"이미 부처이신데 무엇을 더 되려 하십니까?"

농부는 환하게 웃으며 돌아갔습니다.

어느 추운 겨울밤, 젊은 수행자가 찾아와 하소연했습니다.

"스승님, 수행이 너무 어렵습니다. 번뇌가 끊어지지 않고 마음이 어지럽기만 합니다."

하쿠인 선사는 화로에 나무를 넣으며 말했습니다.

"이 나무가 불에 타는 것을 보거라. 나무는 타면서 저항하지도 않고, 괴로워하지도 않는다. 다만 자신의 본분을 다할 뿐이다. 번뇌도 마찬가지다. 없애려 하지 말고 번뇌와 함께 춤추어라."

"번뇌와 함께 춤춘다는 것은 무슨 뜻입니까?"

하쿠인 선사는 잠시 창밖의 눈을 바라보다 부드러운 목소리로 대답했습니다.

"보아라, 창밖의 눈송이들을. 각각의 눈송이는 바람에 맡겨 자신의 길을 찾아가고 있다. 마음의 번뇌도 그와 같으니, 억지로 붙잡거나 밀어내지 말아라. 번뇌와 춤을 춘다는 것은 싸우지도, 도망치지도 않고, 그저 함께 움직이며 그것의 본질을 이해하는 것이다. 화가 날 때는 화와 하나가 되고, 슬플 때는 슬픔과 하나가 되어라. 그것을 억지로 밀어내려 하지 말아야 한다. 그러면 그것들이 저절로 구름처럼 흘러가는 것을 보게 될 것이다."

팔십이 넘은 고령에도 하쿠인은 여전히 열정적으로 설법하고 제자를 지도했습니다. 어느 날 제자가 물었습니다.

"스승님께서는 언제나 건강하십니다. 장수의 비결이 무엇입니까?"

하쿠인 선사는 웃으며 대답했습니다.

"아침에 일어나면 '오늘도 새로운 하루구나' 하고 감사하고, 밤에 잠들 때는 '오늘 하루도 잘 살았구나' 하고 감사한다. 그저 그뿐이다. 내일을 걱정하지도 않고, 어제를 후회하지도 않는다."

입적을 앞두고 제자들이 임종게를 청하자, 선사는 붓을 들어 이렇게 썼습니다.

"팔십삼 년을 허공을 희롱하며 살았다
임종에 이르러 큰 허공을 깨뜨리니,
만약 누가 내 종지宗旨가 어디로 가느냐고 묻거든
건시궐乾屎橛을 입에 물고 있다고 하라"
八十三年弄虛空 臨終打破太虛空 若問宗旨何処去 口含乾屎橛

"팔십삼 년 동안 나는 허공같이 텅 빈 마음으로 살아왔다. 이제 죽음에 이르러서 그 모든 공空의 관념마저 깨뜨려 버린다. 건시궐乾屎橛이란 옛날 변소에서 종이 대신 쓰던 마른 나무막대기를 말한다. 세상에서 가장 더럽고 천한 것으로 여기는 물건이지. 내 가르침의 정수가 어디 있느냐고 묻거든, 바로 그 마른 똥막대기를 입에 물고 있다고 하라. 부처도 조사도 모두 이름일 뿐이다. 성스러운 것과 더러운 것, 높고 낮음이 어디 있겠느냐?"

하쿠인 선사는 조용히 눈을 감으며 마지막 말을 남겼습니다.

"평상심이 도다. 특별할 것도 없고, 신비할 것도 없다. 밥 먹을 때 밥 먹고, 잠잘 때 잠자고, 웃을 때 웃고, 울 때 우는 것. 그것이 바로 부처의 삶이다."

복잡한 현대를 살아가는 우리에게 하쿠인 선사의 가르침은 큰 위안이 됩니다. 특별한 어디선가 깨달음을 찾으려 하지 말고, 번뇌와 함께 춤추며 바로 지금 이 순간, 내가 하고 있는 일에 온전히 마음을 다하는 것. 그것이 바로 평상심이고, 그 평상심이 바로 도라는 것을.

'한 손의 소리를 들어 보라' 는 하쿠인 선사의 화두는 지금도 전 세계 수많은 수행자들에게 던져지고 있습니다. 그 답은 멀리 있지 않습니다. 바로 지금, 이 글을 읽고 있는 당신의 마음속에 있습니다.

평범한 일상 속에서 특별함을 발견하고, 특별하지 않은 것이야말로 가장 특별하다는 것을 깨닫는 것. 그것이 바로 하쿠인이 평생을 통해 보여준 진정한 지혜였습니다.

무심無心의 꽃을 피우다
– 타쿠안(澤庵)

"진정한 깨달음은 특별한 곳에 있지 않다.
바로 지금, 이 순간에 있다."

에도 시대, 매서운 겨울바람이 궁궐 안뜰을 스쳐가던 어느 날이었습니다. 당시 쇼군이던 도쿠가와 이에미츠(德川家光)는 한 분의 고승을 기다리며 마음을 가다듬고 있었습니다. 세간에 그 이름이 널리 알려진 당대의 선승을 만나게 될 설렘과 긴장이 교차하고 있었지요. 잠시 후, 소박한 차림의 노승이 조용히 들어섰습니다. 화려한 궁궐의 분위기와는 사뭇 다른, 담담하고 자연스러운 모습이었습니다. 그가 바로 타쿠안, 택암(沢庵, 1573~1645) 선사였습니다.

"선禪이란 무엇입니까?"

쇼군의 단도직입적인 질문에 타쿠안스님은 잠시 온화한 미소를 지으며 대답했습니다.

"선이란 무엇인지 모르는 것, 그것이 바로 선입니다."

이 짧은 대화는 타쿠안 스님의 삶을 상징적으로 보여주는 한 장면입니다. 스님은 언제나 가식 없이, 있는 그대로의 모습을 보여주셨습니다. 최고 권력자 앞에서도, 가난한 농부들 앞에서도 변함없는 모습이었지요.

그보다 훨씬 이전, 스님이 출가하신 지 얼마 지나지 않은 열일곱 살의 어느 봄날이었습니다. 대덕사大德寺의 고요한 정원에서 젊은 타쿠안은 스승에게 자신의 견해를 자랑스럽게 설명하고 있었습니다.

"스승님, 저는 이제 깨달음이란 무엇인지 알았습니다. 그것은 마치…"

그런데 스승께서는 그의 말을 가로막으며 단호하게 말씀하셨습니다.

"깨달음을 알았다고 생각하는 순간, 그것은 이미 깨달음이 아니다."

이 날의 가르침은 타쿠안의 가슴 깊이 새겨졌습니다. 후일 그는 제자들에게 늘 이렇게 말하곤 했습니다.

"깨달음을 찾으려 하지 마라. 찾으려 하는 그 마음이 바로 미혹이다. 다만 지금 이 순간, 네 앞의 일에 충실하라."

어느 날 한 제자가 찾아와 스님에게 간절히 물었습니다.

"스승님, 어떻게 하면 번뇌에서 벗어날 수 있습니까?"

타쿠안 스님은 잠시 차를 우리며 천천히 대답했습니다.

"번뇌에서 벗어나려 하지 마라. 번뇌에서 벗어나려는 그 생각이 또 하나의 번뇌다. 그저 번뇌를 번뇌로서 바라보아라. 그것이 곧 해탈이다."

이 말은 타쿠안 스님이 전한 가르침의 정수를 보여줍니다. 무엇인가를 억지로 없애려 하지 말고, 있는 그대로 받아들이며 살아가라는 것이지요.

1629년, 막부의 사찰 통제 정책에 저항했다는 이유로 타쿠안 스님은 귀양 처분을 받게 되었습니다. 일흔이 넘은 고령에도 불구하고 외딴 섬 대간도大間島로 유배를 떠나야 했지요. 하지만 스님은 이 시련을 또 다른 깨달음의 기회로 받아들였습니다.

유배지에서 스님은 마을 사람들이 무를 대량으로 수확하는 것을 보았습니다. 하지만 보관 방법을 몰라 많은 양이 그대로 버려지는 것을 안타깝게 여겨서 무를 절여서 오랫동안 보관하는 방법을 연구하기 시작했습니다. 무를 소금에 절여서 보관할 수 있다면 겨울에 탁발이 어려운 스님들을 위해서도 좋은 방법이 될 것이라 생각했던 것입니다.

이렇게 만들어진 무절임이 바로 많은 사람들이 현재도 즐겨 먹는 '단무지(타쿠안)'의 시작이었습니다. 단순한 음식 발명 이상의 깊은 의미가 있었지요. 어떠한 상황에서도 이로운 것을 찾아내는 지혜, 고난 속에서도 타인을 위한 마음을 잃지 않는 자비의 정신을 보여줍니다.

스님의 단무지는 전국으로 널리 퍼져 나갔고, 훗날 무사들의 전투식량으로도 활용될 만큼 가치가 높았습니다. 전쟁터에서 승리한 쇼군으로부터 큰 칭찬과 포상을 받기에 이르렀지만, 스님은 수행자가 음식을 만든 것으로 상을 받을 수는 없다며 정중히 거절했다고 합니다.

말년에 타쿠안 스님은 염불 수행자들에게도 깊은 가르침을 주었습니다. 어느 날 한 신도가 찾아와 물었습니다.

"선사님, 염불과 좌선 중 어느 것이 더 뛰어난 수행입니까?"

스님은 따뜻한 미소를 지으며 대답했습니다.

"부처님을 부를 때의 그 마음과 좌선할 때의 그 마음이 어찌 다르다고 생각하나요? 진정한 마음에는 둘이 없습니다. 염불이든 좌선이든, 그저 온 마음을 다해 하는 것일 뿐입니다."

타쿠안 스님의 또 다른 위대한 업적은 무도武道와 선의 조화를 이룬 것입니다. 스님은 당대 최고의 검술가이자 쇼군의 검도 스승이던 야규 무네노리(柳生宗矩)와 깊은 교류를 나누며, 무사들에게 선의 이치를 널리 알리게 되었습니다.

"칼을 든 순간 마음이 칼에 머물러서는 안 된다. 진정한 검술의 경지는 무심에 있다."

스님은 검도의 궁극적 이치가 선의 가르침과 다르지 않음을 깨달았습니다. 스님의 무심검법無心劍法 가르침은 훗날 야규무네노리가 집필한 『월도논고月島論考』라는 검술서를 통해 세상에 알려지게 되었고, 선의 경지와 검도의 정신이 하나라는 검선일여劍禪一如의 이치가 널리 퍼지는 계기가 되었습니다.

타쿠안 스님이 입적을 앞두었을 때, 제자들이 임종게를 청했습니다. 스님은 붓을 들어 이렇게 썼습니다.

"올 때도 공하고, 갈 때도 공하니
올 때도 갈 때도 모두 다 공하고 공하도다
그 까닭을 묻는다면, 눈 속의 까마귀라네"
来時也空 去時也空 来時去時 倶に空 空若問其故 雪中の烏

이 임종게는 스님의 평생 수행의 정수를 보여줍니다. 삶과 죽음조차도 집착할 것이 없다는 대자유의 경지를 시로 표현한 것이지요. '눈 속의 까마귀'라는 표현은 흰 눈과 검은 까마귀의 대비처럼, 모든 이원적 분별을 초월한 진리의 세계를 아름답게 그려내고 있습니다.

타쿠안, 택암 스님은 거창한 수행이나 화려한 의식보다는 일상적인 순간에서 깨달음을 찾을 것을 강조했습니다. 청소를 하거나, 밥을 짓거나, 심지어 무를 절이는 작은 행위 하나 하나가 모두 수행이 될 수 있다고 가르친 것이지요.

현재 스님의 부도는 도쿄 남쪽 시나가와(品川)에 있는 도카이지(東海寺)에 모셔져 있는데, 안내문이나 주변의 돌난간이 없다면 알아보기 힘들 정도로 그저 평범한 자연석 바위로만 이루어져 있습니다. 무심하게 놓여 있는 바윗돌 하나. 일체의 인위적인 손길이 닿지 않은 자연석을 그대로 스님의 부도탑으로 삼은 것은 타쿠안 스님의 삶을 고스란히 보여줍니다. 복잡한 현대 사회를 살아가는 우리에게, 타쿠안 스님의 '무심無心'의 가르침은 마음의 평안을 찾는 소중한 지침이 되고 있습니다.

스님이 우리에게 남긴 것은 단순한 역사적 사실이나 종교적 교리가 아닙니다. 그것은 어떠한 상황에서도 중심을 잃지 않고, 타인을 위한 마음을 잃지 않으며, 매 순간 깨어 있는 삶을 살아가는 지혜입니다. 오늘날 우리 주변에 남아 있는 스님의 흔적들—타쿠앙 무절임으로 대표되는 음식문화부터 무도의 정신적 가르침까지—, 이 모든 것들이 우리에게 끊임없이 말을 걸어오고 있습니다.

"진정한 깨달음은 특별한 곳에 있지 않다. 바로 지금, 이 순간에 있다."

좌선이 곧 깨달음이다
– 도겐(道元)

"좌선이 곧 깨달음이다. 깨달음을 얻기 위해 좌선하는 것이 아니라, 좌선 자체가 깨달음이다."

가마쿠라 시대 초기, 교토의 어느 귀족 가문에서 태어난 한 소년이 있었습니다. 1200년에 태어난 도겐(道元, 1200~1253)은 어려서부터 온화하고 사려 깊은 성품으로 주변 사람들의 사랑을 받았습니다. 하지만 그의 어린 시절은 깊은 슬픔으로 얼룩져 있었습니다.

도겐이 세 살 되던 해, 아버지가 세상을 떠났습니다. 그리고

여덟 살 때는 어머니마저 병으로 세상을 등졌습니다. 어머니의 장례식에서 향 연기가 하늘로 피어오르는 것을 바라보던 어린 도겐의 마음에 깊은 깨달음이 스며들었습니다.

"모든 것은 변하는구나. 아무리 사랑하는 사람도 언젠가는 떠나가는구나."

무상함에 대한 깊은 체험이 도겐을 불교의 길로 이끌었습니다. 열세 살 되던 해, 그는 출가를 결심했습니다. 주변에서는 귀족 집안의 총명한 아이가 왜 세속을 떠나려 하느냐며 만류했지만, 도겐의 의지는 확고했습니다.

"진리를 찾고 싶습니다. 변하지 않는 것이 무엇인지 알고 싶습니다."

도겐은 히에이산(比叡山)으로 들어가 천태종 교학을 공부하기 시작했습니다. 총명했던 그는 불교의 다양한 교학과 교리들을 빠르게 익혀 나갔습니다. 하지만 마음 한구석에는 늘 의문이 자리하고 있었습니다.

어느 날 스승에게 물었습니다.

"스승님, 천태종에서는 모든 중생이 본래 부처라고 가르칩니다. 그렇다면 왜 우리는 수행을 해야 합니까? 본래 부처라면 굳이 깨달음을 구할 필요가 없는 것 아닙니까?"

스승은 잠시 말문이 막혔습니다. 그리고 이렇게 답했습니다.

“그것은… 깊은 교리이니 더 공부한 후에 깨달을 수 있을 것이다.”

하지만 도겐은 만족할 수 없었습니다. 그는 더 명확한 답을 찾기 위해 고민했습니다.

1217년, 열여덟 살의 도겐은 에이사이(榮西) 선사가 개창한 겐닌지(建仁寺)를 찾아갔습니다. 에이사이는 이미 세상을 떠났지만, 그의 제자 묘젠(明全)이 절을 이끌고 있었습니다.

“젊은 수행자여, 무엇을 구하러 왔느냐?”

묘젠의 질문에 도겐은 솔직하게 답했습니다.

“본래성불과 수행의 관계를 알고 싶습니다. 모든 존재가 본래 완전하다면 왜 수행이 필요한지 궁금합니다.”

묘젠은 도겐의 예리한 질문에 감탄했습니다.

“좋은 질문이다. 그 답을 찾으려면 중국으로 가서 진정한 선의 전통을 배워야 할 것이다.”

1223년, 스물네 살의 도겐은 묘젠과 함께 중국 송나라로 떠났습니다. 하지만 중국에 도착하자마자 큰 시련이 기다리고 있었습니다. 동행했던 스승 묘젠이 갑자기 병으로 세상을 떠난 것입니다.

홀로 남겨진 도겐은 깊은 슬픔에 빠졌습니다. 하지만 이내 마음을 추스르며 중국 각지를 돌아다니며 여러 선사들을 찾아가 가르침을 청했습니다. 그러나 어떤 스승도 그의 근본적인 의문을 풀어주지 못했습니다.

1225년, 도겐은 천동산天童山의 여정如淨 선사를 만났습니다. 여정은 조동종의 대표적 선사로, 온화하면서도 깊은 지혜를 갖춘 분이었습니다.

"스님, 저는 본래성불과 수행의 관계를 알고 싶습니다."

도겐의 오랜 질문에 여정은 미소를 지으며 답했습니다.

"깨달음을 얻기 위해 좌선하는 것이 아니다. 좌선 자체가 깨달음이다. 이것을 지관타좌只管打坐라고 한다."

"그것이 무슨 뜻입니까?"

"본래 부처라는 것과 수행한다는 것은 모순이 아니다. 부처의 본성을 드러내는 것이 바로 좌선이다. 마치 거울이 본래 깨끗하지만 계속 닦아야 하는 것과 같다."

이 가르침은 도겐의 마음에 깊은 울림을 주었습니다. 그는 여정 문하에서 열심히 수행했습니다.

어느 날 새벽 좌선 시간에 일어난 일이었습니다. 옆에 앉아 있던 한 승려가 졸고 있었는데, 여정 선사가 그를 크게 나무라며 꾸짖었습니다.

"몸과 마음을 다 버리고 좌선해야 한다!"

그 순간 도겐의 마음에 번개 같은 깨달음이 번쩍였습니다.

"아! 그렇구나. 몸과 마음을 다 버리는 것(身心脫落)이구나!"

도겐은 즉시 여정 선사에게 달려가 자신의 깨달음을 말했습니다. 여정은 도겐의 눈빛을 보더니 만족스럽게 고개를 끄덕였습니다.

"너는 이제 깨달았다. 하지만 이것으로 끝이 아니다. 평생 이 깨달음을 심화시켜 나가야 한다."

1227년, 도겐은 여정으로부터 인가를 받고 조동종의 법을 이어받았습니다. 그리고 고향인 일본으로 돌아왔습니다.

일본에 돌아온 도겐은 교토 근처의 고쇼지(興聖寺)에서 본격적인 선 수행 지도를 시작했습니다. 그의 가르침은 당시 일본 불교계에서는 매우 새로운 것이었습니다.

"선이란 특별한 신통력을 얻는 것이 아닙니다. 그저 바르게 앉아서 호흡을 고르게 하는 것입니다."

어느 날 한 무사가 찾아와 물었습니다.

"스님, 선을 닦으면 어떤 이익이 있습니까? 초능력 같은 것을 얻을 수 있습니까?"

도겐은 온화하게 미소 지으며 답했습니다.

"선에는 이익을 구하는 마음이 없습니다. 이익을 바라는 순간 이미 선이 아닙니다. 그저 바르게 앉는 것, 그것이 선의 전부입니다."

"그럼 좌선해서 무엇을 얻겠습니까?"

"얻는 것이 아니라 버리는 것입니다. 욕심도 버리고, 걱정도 버리고, 심지어 깨달음을 얻겠다는 생각도 버리는 것입니다. 그때 본래의 자신이 드러납니다."

무사는 고개를 갸우뚱했지만, 도겐의 진실한 모습에 감동받아 제자가 되었습니다. 도겐의 명성이 높아지자 교토의 여러 사찰에서 그를 초청했습니다. 하지만 도겐은 세속적 명예에 관심이 없었습니다. 오히려 더 깊은 산중에서 순수한 수행에 전념하고 싶어 했습니다.

1243년, 도겐은 에치젠국(越前國, 현재의 후쿠이현) 깊은 산속으로 들어가 작은 절을 세웠습니다. 그곳이 훗날 조동종의 총본산이 되는 영평사(永平寺, 에헤이지)였습니다. 당시의 에헤이지는 단순했습니다. 화려한 장식도 없고 거창한 의식도 없었습니다. 오직 좌선과 일상생활이 하나가 되는 수행만이 있었습니다.

도겐은 제자들에게 일상의 모든 순간이 수행이라고 가르쳤습니다.

"밥을 먹을 때는 오직 밥 먹는 일에만 집중하십시오. 걸을 때는 오직 걷는 일에만 집중하십시오. 좌선할 때는 오직 좌선에만 집중하십시오. 그것이 바로 선입니다."

어느 날 한 제자가 물었습니다.

"스승님, 일상생활도 수행이라면 굳이 좌선당에서 따로 앉아 있을 필요가 있습니까?"

도겐은 정중하게 답했습니다.

"좌선은 모든 수행의 근본입니다. 바르게 앉는 법을 익혀야 바르게 살 수 있습니다. 좌선당에서의 자세가 일상의 자세가 되는 것입니다."

"그럼 하루에 몇 시간 좌선해야 합니까?"

"시간을 따지는 것이 아닙니다. 진실한 마음으로 한 번 앉는 것이 억지로 열 시간 앉는 것보다 낫습니다."

어느 추운 겨울날, 에헤이지 입구에서 한 노스님을 만나게 됩니다. 눈보라를 맞으며 힘겹게 산을 올라온 그는 절의 전좌

(典座, 주방의 모든 업무를 담당하는 직책)스님이었습니다.

"겨울 채소가 떨어져서 먼 시장까지 가서 무를 사왔습니다. 눈길에 시간이 너무 늦어서 죄송합니다."

도겐은 깜짝 놀랐습니다. 그 노스님의 나이가 칠십이 넘어 보였기 때문입니다.

"그런 일은 젊은 스님들에게 시키시면 되는데 왜 직접 나서셨습니까? 이런 추위에 눈길을 나서는 것은 위험하지 않습니까?"

노스님은 온화한 미소를 지으며 답했습니다.

"스님, 요리는 단순한 노동이 아닙니다. 한 그릇의 죽, 한 접시의 나물도 모두 부처님께 올리는 공양이자 대중들의 생명을 살리는 일입니다. 이런 소중한 일을 어떻게 다른 사람에게 맡길 수 있겠습니까?"

도겐은 그 말에 깊은 감동을 받았습니다.

"하지만 스님의 연세에 그런 고생을…"

"스님, 나이는 중요하지 않습니다. 마음이 중요합니다. 저는 이 일을 통해 매일 부처님을 만나고 있습니다. 무 하나를 고르는 것도, 쌀 한 알을 씻는 것도 모두 진심으로 하면 깨달음의 길입니다."

그 순간 도겐은 큰 깨달음을 얻었습니다. 진정한 수행은 좌선당에서만 이루어지는 것이 아니라, 일상의 모든 순간에서 이루어진다는 것을. 그리고 어떤 일이든 진심으로 하면 그것이 곧 부처의 행이라는 것을.

"고맙습니다, 노스님께 오늘 저는 또 다른 가르침을 받았습니다."

이 일 이후 도겐은 「전좌典座」라는 글을 써서 사찰의 음식담당자들에게 깊은 가르침을 남겼습니다. 그 글에서 그는 음식을 만드는 일도 경전을 읽는 일만큼 소중한 수행이라고 강조했습니다.

또한 도겐은 평생에 걸쳐 『정법안장正法眼蔵』이라는 방대한 저작을 남겼습니다. 이 책은 지금까지도 일본 선불교 사상의 최고봉으로 평가받고 있습니다. 『정법안장』에서 도겐은 자신의 철학을 체계적으로 정리했습니다. 특히 "시간존재時間存在"에 대한 독창적인 사상을 전개했습니다.

"시간과 존재는 둘이 아닙니다. 우리는 시간 속에 있는 것이 아니라 우리 자체가 시간입니다. 지금 이 순간이 영원이고, 여기가 바로 진리입니다."

또한 그는 "전심全心"의 중요성을 강조했습니다.

"무엇을 하든 온 마음을 다해야 합니다. 절반의 마음으로는 아무것도 이룰 수 없습니다. 좌선할 때는 온전히 좌선하고, 청소할 때는 온전히 청소하십시오."

영평사에서는 독특한 수행 전통이 확립되었습니다. 새벽 일찍 일어나서 좌선으로 하루를 시작하고, 모든 일상 동작을 세심하게 규정한 청규淸規를 따랐습니다. 수행자의 식사법을 자세히 가르쳐주는 식당작법食堂作法은 중국 선종의 가르침을 온전히 전승한 것으로 매우 정교했습니다. 밥 한 알도 남기지 않고, 그릇을 씻은 물까지 마셔야 했습니다.

"음식은 부처님의 생명입니다. 한 알의 쌀도 소중히 여겨야 합니다."

도겐의 이런 가르침은 일본 선문화의 기초가 되었습니다. 다도, 꽃꽂이, 서예 등 일본의 전통 예술에 스며든 선의 정신은 모두 도겐의 "일상즉수행日常卽修行" 사상에서 비롯된 것입니다.

어느 날 한 귀족이 영평사를 찾아와 도겐 스님에게 말했습니다.

"스님의 선은 너무 단순합니다. 좀 더 심오하고 보다 신비로운 것은 없습니까?"

도겐은 웃으며 답했습니다.

"진리는 가장 단순한 곳에 있습니다. 호흡하고, 걷고, 앉는 것. 이보다 더 신비로운 것이 어디 있겠습니까? 복잡하게 만드는 것은 진리를 가리는 일입니다."

"그럼 깨달음이란 무엇입니까?"

"특별한 것이 아닙니다. 지금 이 순간 당신이 살아 숨 쉬고 있는 것, 그것이 바로 깨달음입니다. 다만 그것을 깨닫지 못할 뿐입니다."

1253년, 도겐은 쉰네 살의 나이로 입적했습니다. 임종을 앞두고 제자들에게 마지막 가르침을 남겼습니다.

"나는 평생 좌선이 곧 깨달음이라고 가르쳤습니다. 이것을 잊지 마십시오. 특별한 깨달음을 구하지 말고, 그저 바르게 앉으십시오."

"스승님, 저희는 무엇을 해야 합니까?"

"계속 앉으십시오. 좌선은 개인의 깨달음을 위한 것이 아닙니다. 모든 중생과 함께 부처의 행을 실천하는 것입니다. 그것이 보살의 길입니다."

도겐 스님이 입적한 후에도 영평사의 수행 전통은 계속 이어졌습니다. 그의 가르침을 따르는 조동종은 일본 선불교의 한 축을 이루며 현재까지 발전하고 있습니다. 스님이 일본 선 문화에 미친 영향은 계산할 수 없을 만큼 큽니다. 그의 "일상 즉수행" 사상은 일본인의 생활 깊숙이 스며들어 독특한 정신 문화를 만들어냈습니다.

지금도 후쿠이현 영평사에는 전 세계에서 많은 수행자들이 찾아와 도겐의 가르침을 배우고 있습니다. 새벽 좌선의 종소리가 울려 퍼질 때마다, 700여 년 전 도겐이 체득한 "몸과 마음을 다 버리는" 깨달음이 되살아나고 있습니다.

"좌선이 곧 깨달음이다", 도겐의 이 단순하면서도 깊은 가르침은 오늘도 많은 이들에게 진정한 평안의 길을 제시하고 있습니다. 복잡한 이론이나 신비로운 체험을 추구하지 않고, 오직 지금 이 순간에 온전히 머무르는 것. 그것이 바로 도겐이 평생을 바쳐 전한 선의 진수였습니다.

산속 깊은 에헤이지에서 들려오는 조용한 죽비 소리는 지금도 우리에게 묻고 있습니다.

"당신은 지금 이 순간을 온전히 살고 있습니까?"

차 한잔 속에도 깨달음이 있다
– 에이사이(栄西)

"차를 마시는 것은 단순히 목을 축이는 것이 아니다.
마음을 맑게 하고 정신을 일깨우는 것이다."

헤이안 시대 말기, 비젠국(備前國, 현재의 오카야마현)의 한 사찰에서 젊은 스님이 중국에서 가져온 작은 차나무 씨앗을 들여다보고 있었습니다. 1191년, 송나라에서 갓 돌아온 에이사이(栄西, 1141~1215)는 이 작은 씨앗들이 일본에 새로운 문화를 꽃피울 것임을 예감하고 있었습니다.

에이사이는 일본 선불교의 아버지로 불리는 인물입니다.

하지만 그의 진정한 위대함은 단순히 새로운 불교의 가르침을 전래한 것이 아니라, 차 문화라는 일본 정신문화의 근간을 마련한 데 있었습니다.

1141년 비젠국에서 태어난 에이사이는 어려서부터 불교에 깊은 관심을 보였습니다. 열네 살에 히에이산에서 출가한 그는 천태종 교학을 깊이 공부했습니다. 하지만 젊은 수행자 에이사이의 마음 한구석에는 늘 갈증이 자리하고 있었습니다.

'일본불교가 너무 형식화되고 생명력을 잃어 가고 있는 것은 아닐까?'

당시 일본불교는 주로 천태종과 진언종이 주류를 이루고 있었지만, 중국에서는 새로운 선불교가 크게 융성하고 있다는 소문이 들려오고 있었습니다. 1168년, 스물일곱 살의 에이사이는 마침내 결심을 내렸습니다. 중국 송나라로 들어가 직접 선불교를 배우기로 한 것입니다. 하지만 첫 번째 중국 여행은 기대했던 것만큼 큰 성과를 거두지 못했습니다. 불과 몇 개월 만에 돌아와야 했기 때문입니다. 하지만 에이사이는 포기하지 않았습니다.

시간이 흘러 1187년, 마흔여섯 살의 적지 않은 나이에 그는 다시 중국으로 향했습니다. 이번에는 더 오래 머물며 진정한 선의 가르침을 배우고 오겠다는 확고한 의지였습니다. 중국으로 건너간 에이사이는 천태산에서 임제종의 허암회창虛庵懷敞 선사를 만났습니다. 허암 스님은 에이사이의 진지한 구도 정신을 알아보고 그를 제자로 받아들였습니다.

"바다 건너 일본에서 온 수행자여, 선이란 무엇이라고 생각하느냐?"

"스승님, 선은 마음을 비우고 깨달음을 얻는 것이라고 생각합니다."

허암은 고개를 저었습니다.

"선은 특별한 것이 아니다. 매 순간순간을 깨어 있는 마음으로 사는 것이다. 물을 마실 때는 온전히 물을 마시고, 걸을 때는 온전히 걷는 것이다."

에이사이는 허암 선사 밑에서 임제종의 간화선법을 전수받았습니다. 그리고 그곳에서 또 다른 소중한 만남이 있었습니다. 바로 차茶와의 만남이었습니다. 중국의 선승들은 좌선 중 졸음을 쫓기 위해 차를 마셨습니다. 하지만 에이사이가 본 것은 단순한 음료가 아니었습니다. 차를 우리고 마시는 모든 과정이 하나의 수행이었습니다.

“차를 우릴 때는 온 마음을 다해 우려야 한다. 마실 때는 온 정신을 집중해서 마셔야 한다. 그 속에 선의 정신이 들어 있다. 오직 지금 이 순간에 집중하는 것. 그것이 바로 선이다.”

허암 선사의 가르침에 에이사이는 큰 깨달음을 얻었습니다. 선이란 특별한 신비체험이 아니라 일상의 모든 순간을 깨어 있는 마음으로 사는 것임을. 그리고 차를 마시는 행위 자체가 훌륭한 수행법이 될 수 있음을 알게 되었습니다. 4년간의 중국 수행을 마치고 1191년 일본으로 돌아온 에이사이는 두 가지 소중한 선물을 가지고 왔습니다. 하나는 임제종 선불교의 가르침이었고, 또 하나는 차씨와 차 문화였습니다.

하지만 일본에서의 상황은 순탄하지 않았습니다. 먼저 기존의 불교세력인 히에이산의 천태종 승려들이 강력하게 반발했습니다.

“선종은 일본에 필요 없는 종교다! 기존 천태종으로 충분하다!”

특히 천태종에서는 에이사이의 새로운 가르침을 위험한 이단으로 여겼습니다. 조정에서도 결국 선종의 포교 금지령을 내렸습니다. 하지만 에이사이는 굴복하지 않았습니다. 그는 『흥선호국론興禪護國論』이라는 글을 써서 선불교가 일본에 왜 필요한지 논리적으로 설명했습니다.

"선종은 기존 불교를 부정하는 것이 아닙니다. 오히려 불교의 정수를 회복하는 것입니다. 선종이야말로 나라를 지키고 백성을 구제하는 진정한 가르침입니다."

그 와중에 에이사이는 차 문화 보급에도 힘썼습니다. 1214년, 그는 『끽다양생기喫茶養生記』라는 책을 저술했습니다. 이는 일본 최초의 차에 관한 전문서적이었습니다.

"차는 양생의 선약이요, 수행의 동반자이다."

에이사이는 차의 의학적 효능뿐만 아니라 정신적 가치도 강조했습니다. 어느 날 가마쿠라의 무사武士가 에이사이를 찾아와 물었습니다.

"스님, 선이란 무엇입니까? 우리 같은 무사에게도 도움이 될까요?"

에이사이는 차를 우리며 대답했습니다.

"먼저 이 차를 드셔보십시오."

무사가 차를 마시는 동안 에이사이는 지켜보았습니다.

"어떻습니까?"

"쓰면서도 단맛이 있고, 마음이 차분해집니다."

"바로 그것입니다. 선이란 특별한 것이 아닙니다. 지금 이 순간 차를 마시는 그 마음, 오직 그것에만 집중하는 것입니다.

전장에서도 마찬가지입니다. 오직 지금 이 순간에만 집중하면 두려움도 사라지고 올바른 판단을 할 수 있습니다."

무사는 깊이 고개를 끄덕였습니다.

에이사이의 명성이 높아지자 마침내 가마쿠라 막부에서도 그를 주목하기 시작했습니다. 특히 차 문화는 무사 계층 사이에서 빠르게 퍼져 나갔습니다. 그중에서도 가장 유명한 일화는 쇼군과의 만남에서 일어났습니다. 어느 날 쇼군은 에이사이를 불러 그를 시험해보고자 했습니다.

쇼군은 값비싼 찻잔을 내어놓으며 말했습니다.

"에이사이, 그대의 선이 얼마나 뛰어난지 보여달라. 이 찻잔은 중국에서 가져온 명품이다. 만약 그대가 진정한 선사라면 이 찻잔의 본질을 말해보라."

에이사이는 찻잔을 자세히 살펴보더니 조용히 말했습니다.

"아름다운 찻잔입니다."

그런데 갑자기 에이사이가 그 찻잔을 바닥에 내던져버렸습니다. 찻잔은 산산조각이 나버렸습니다. 자리에 있던 모든 사람들이 경악했습니다.

"에이사이! 네가 지금 무슨 짓을 한 것이냐!"

쇼군이 분노하며 소리쳤지만, 에이사이는 담담하게 답했습니다.

"쇼군께서 찻잔의 본질을 물으셨습니다. 찻잔의 본질은 깨지는 것입니다. 아무리 아름답고 값비싸도 결국은 깨집니다. 모든 것은 무상합니다. 찻잔에 집착하는 마음이야말로 우리가 버려야 할 것입니다."

쇼군은 잠시 말문이 막혔습니다. 그리고는 크게 웃으며 말했습니다.

"역시 진정한 선사로구나. 찻잔은 깨졌지만 내 마음의 집착도 깨졌다."

이 일화는 에이사이의 선풍을 보여주는 대표적 사례가 되었습니다.

에이사이는 1202년 교토에 겐닌지(建仁寺)를 창건했습니다. 이는 일본 최초의 본격적인 선종 사찰이었습니다. 겐닌지에서는 좌선뿐만 아니라 차 의례도 중요한 수행의 하나로 자리잡았습니다.

"차를 마시는 것도 부처님께 공양하는 것과 같습니다. 정성스럽게 우리고, 감사한 마음으로 마시며, 그 순간에 온전히 집중하십시오."

에이사이의 이런 가르침은 후에 일본 다도茶道의 정신적 토대가 되었습니다. 어느 날 한 제자가 물었습니다.

"스승님, 왜 차를 그렇게 중요하게 여기십니까?"

에이사이는 차를 우리며 대답했습니다.

"차는 우리에게 많은 것을 가르쳐준다. 인내심을 기르고, 집중력을 키우며, 마음을 평온하게 한다. 또한 차를 함께 마시는 것은 사람들 사이의 경계를 허무는 일이기도 하다."

"그럼 차만 마셔도 깨달을 수 있습니까?"

"차는 도구일 뿐이다. 중요한 것은 차를 마시는 마음이다. 깨어 있는 마음으로 차를 마시면 그것이 곧 선이고, 그냥 습관적으로 마시면 그냥 물을 마시는 것과 다르지 않다."

1215년, 에이사이는 75세의 나이로 입적했습니다. 임종을 앞두고 제자들에게 마지막 가르침을 남겼습니다.

"나는 평생 두 가지를 일본에 전하려 노력했다. 하나는 선불교이고, 다른 하나는 차 문화다. 이 둘은 서로 다른 것 같지만 결국 하나다. 깨어 있는 마음으로 살아가는 것, 그것이 선이고, 그것이 차의 정신이다."

"스승님, 저희는 무엇을 해야 합니까?"

"계속 좌선하고, 계속 차를 마셔라. 하지만 형식에 얽매이지는 마라. 중요한 것은 매 순간을 깨어 있는 마음으로 사는 것이다."

그가 송나라에서 전래한 선불교는 단순한 종교적 전파를 넘어 일본 사회 전반에 걸쳐 심오한 변화를 가져왔습니다. 특히 가마쿠라 시대 이후 무사 계층이 대두하면서, 에이사이가 전한 선불교의 정신은 자연스럽게 사무라이 문화의 정신적 기반으로 자리잡았습니다. 명상과 자기 수양을 통한 정신 단련은 무사도 정신과 깊이 융합되어 일본 고유의 독특한 문화적 특징을 형성하게 되었습니다.

한편, 에이사이가 전한 차 문화는 시간이 흐르며 더욱 매혹적인 변화를 거쳤습니다. 중국에서 시작된 차의 의례는 일본의 정신적 토양에 뿌리내리며 점차 변모하여, 마침내 '와비사비(侘寂)'라는 일본 특유의 미의식을 담아낸 다도茶道로 승화되었습니다. 와비사비는 불완전함과 무상無常에서 오는 아름다움을 찾는 정신으로, 담박한 절제의 아름다움(와비)과 세월의 흐름이 만든 고색창연한 멋(사비)을 소중히 여깁니다. 이렇게 탄생한 일본의 다도는 단순히 차를 마시는 행위를 넘어, 일상에서 찾는 정적인 아름다움과 순간의 소중함을 담아내는 일본문화의 정수가 되었습니다.

에이사이의 『끽다양생기』는 일본 차 문화의 출발점이 되었고, 그의 "차선일미茶禪一味" 사상은 센노 리큐 등 후대의 다도 대가들에게 큰 영향을 미쳤습니다. 오늘날 우리가 마시는 차 한 잔에도 800여 년 전 에이사이가 품었던 정신이 담겨 있습니다. 바쁜 일상 속에서 잠시 멈춰 서서 차 한 잔을 천천히 마시며 지금 이 순간에 집중하는 것. 그것이야말로 에이사이가 일본에 전한 가장 소중한 선물이었습니다.

현재 교토의 겐닌지(建仁寺)를 방문하면, 800여 년 전 에이사이가 심은 이러한 정신적 유산이 여전히 생생하게 전승되고 있음을 확인할 수 있습니다. 이곳에서는 좌선 수행과 차 의례가 하나의 통합된 수행법으로 실천되고 있으며, 국경을 초월해 찾아오는 이들에게 선禪과 차茶가 하나로 어우러진 깊은 정신적 체험을 선사하고 있습니다.

> "차를 마시는 것은 단순히 목을 축이는 것이 아니다. 마음을 맑게 하고, 지금 이 순간에 살아 있는 나의 정신을 깨우는 것이다."

에이사이의 이 말은 오늘도 차를 마시는 모든 이들에게 깊은 울림을 주고 있습니다. 차 한 잔에 담긴 깨달음, 그것은 특별한 곳에 있는 것이 아니라 바로 우리의 일상 속에, 지금 이 순간에 있는 것입니다.

꿈의 기록을 남긴 화엄종의 대가
– 묘에(明惠)

"사랑도 집착을 버리면 자비가 되고, 이별도 깨달음으로 승화되면 영원한 만남이 됩니다."

가마쿠라 시대 초기, 교토의 도가노오(栂尾) 산중 깊은 곳에서 한 승려가 하늘을 찌를 듯 솟은 고목 위에 앉아 좌선을 하고 있었습니다. 구름이 스치고 바람이 흔들어도 그는 미동도 하지 않았습니다. 마치 천 년 묵은 나무의 한 가지처럼 자연과 일체가 되어 깊은 삼매에 잠겨 있었지요. 이 수행자가 바로 일본 화엄종 중흥의 아버지로 불리는 묘에(明惠, 1173~1232) 스님이었습니다.

묘에의 본명은 고벤(高弁)으로, 조안 3년(1173) 기슈국 아리타군의 무사 집안에서 태어났습니다. 아버지와 어머니 모두 무사 가문의 출신이었습니다. 하지만 그의 어린 시절은 짙은 슬픔의 그림자로 시작되었습니다. 여덟 살이 되던 해에 양친을 모두 여의고 외로운 고아가 된 것입니다.

여덟 살이 되던 해에 양친을 모두 여의고 천애고아가 된 어린 묘에를 따뜻하게 거두어준 것은 외숙부인 조가쿠(上覚)였습니다. 조가쿠는 『와카이로하(和歌色葉)』의 저자로도 유명한 학승이었는데, 그는 어린 조카의 맑은 눈동자에서 예사롭지 않은 기운을 감지하고 다카오산(高雄山)의 진고지(神護寺)로 데려가 몬가쿠(文覚) 스님의 제자로 입문시켰습니다. 몬가쿠 스님은 폭포수 아래서의 혹독한 수행으로 세간에 이름 높은 고승이었습니다.

아홉 살의 묘에는 진고지의 고즈넉한 법당에서 불교 수행의 첫걸음을 내디뎠습니다. 그는 어려서부터 화엄종의 심오한 교학에 남다른 재능을 보였고, 분지 4년(1188)에 도다이지(東大寺)에서 구족계를 받았습니다. 처음 법명은 성벤(成弁)이었다가 훗날 고벤(高弁)으로 개명했고, 묘에는 그의 아름다운 방호(房號)였습니다.

겐큐 4년(1193), 스물한 살의 청년 묘에는 나라의 도다이지에 가서 화엄종의 경전과 교학을 더욱 깊이 탐구했습니다. 도다이지는 화엄종의 성스러운 대본산으로, 그곳의 대불전에서 거대한 비로자나불을 우러러보며 그는 『화엄경』의 심오한 가르침에 완전히 매료되었습니다. 특히 화엄경에 펼쳐진 "사사무애事事無碍"의 장엄한 세계관, 즉 모든 존재가 서로 걸림 없이 원융하게 연결되어 있다는 깨달음이 그의 영혼 깊숙이 스며들었습니다.

하지만 묘에의 구도의 길은 험난한 가시밭길이었습니다. 쇼지 원년(1199) 봄, 마음의 의지처였던 스승 몬가쿠가 정치적 소용돌이에 휘말려 멀고 먼 유배지로 떠나면서 진고지는 하루아침에 황량한 폐허로 변했습니다. 마음의 고향을 잃게 된 묘에는 깊은 절망에 빠졌지만, 이내 이것 또한 부처님이 내린 시련임을 깨닫고 다시금 홀로서기의 방랑길에 나섰습니다. 그는 고향인 기슈의 깊은 산중으로 돌아가 하쿠조노 미네, 이카다치 등의 인적 없는 산중에서 기거하며 오직 자신과 부처님만을 의지하여 혹독한 수행을 계속했습니다.

이 시기 묘에는 몸과 마음을 던지는 극도로 혹독한 수행의 나날을 보냈습니다. 깊은 숲에서 홀로 정진하며 화엄경의 심오한 가르침을 체득하기 위해 밤낮없이 정진했습니다. 그는 개인적 구도욕을 넘어서 중생구제의 큰 원력을 세우며, 화엄종을 일본 땅에 뿌리내리게 하는 것이 자신의 진정한 사명임을 깨달았습니다.

겐에이 원년(1206), 마침내 묘에에게 운명을 바꿀 전환점이 찾아왔습니다. 고토바 상황이 그의 덕망과 학문을 기리어 교토 서북쪽의 다카오(高雄) 지역의 토지를 하사한 것입니다. 첩첩산중에 둘러싸인 이곳은 속세의 티끌 하나 없는 청정도량으로, 묘에는 이곳에 고산지(高山寺)를 창건하고 화엄종 중흥의 성스러운 근거지로 삼았습니다. 고산지는 깊은 계곡물 소리와 새들의 지저귐만이 들리는 적막한 산중 깊숙한 곳에 자리잡았는데, 묘에는 이 천혜의 수행처에서 자신만의 정진을 계속해 나갔습니다.

묘에의 가장 유명하고 신비로운 수행법은 나무 위에서 하는 좌선이었습니다. 고산지 근처 능가산에 우뚝 솟은 천 년 묵은 소나무의 두 갈래로 나뉜 굵은 가지 위에서 그는 마치 선계의 신선처럼 자주 좌선을 했습니다. 이 나무는 사람들로부터 '좌선의 나무', '정좌수正坐樹'라는 경외스러운 이름으로 불렸는데, 지상에서 수 미터나 높이 솟은 나뭇가지 위에서도 미풍에 흔들리지 않고 깊은 선정에 잠기는 그의 모습은 보는 이들의 가슴에 말로 다할 수 없는 감동과 경외감을 안겨 주었습니다.

어느 봄날 한 제자가 꽃잎이 흩날리는 나무 아래서 우러러보며 묘에에게 물었습니다.

"스승님은 왜 그토록 위험한 나무 위에서 좌선을 하십니까? 편안한 법당에서 하셔도 될 텐데요."

묘에는 구름이 흘러가는 하늘을 바라보며 온화한 미소를 지으며 답했습니다.

"나무 위에 앉아 있으면 마음이 더욱 맑고 간절해집니다. 언제라도 떨어질 수 있다는 긴장감이 오히려 모든 번뇌와 망상을 깨끗이 씻어내고, 오직 지금 이 순간에만 온전히 집중하게 합니다. 또한 나무와 하늘과 바람이 모두 비로자나불의 법신임을 온몸으로 생생히 느낄 수 있습니다. 이것이야말로 화엄경에서 말하는 '삼라만상이 모두 부처님'이라는 진리의 직접적 체험입니다."

실제로 묘에의 나무 위 좌선은 단순한 기행이나 고행이 아니라 화엄사상의 장엄한 실천이었습니다. 화엄경에서 펼쳐지는 모든 존재의 신비로운 상호 연관성을 자신의 몸과 마음으로 직접 체험하는 것이었지요. 나무와 자신이 하나가 되고, 나뭇잎의 살랑거림도, 바람의 속삭임도, 새들의 지저귐도 모두 법성의 감미로운 설법 소리로 들렸습니다.

묘에는 또한 꿈의 세계를 무한히 소중하게 여기는 신비로운 구도자였습니다. 그는 19세부터 무려 40년간이나 자신이 꾸는 모든 꿈을 세밀하게 기록한 『몽기夢記』라는 전무후무한 작품을 남겼는데, 이는 일본 문학사상 유례없는 독창적인 꿈 일기입니다.

이 놀라운 기록은 총 1,800여 개의 꿈으로 이루어져 있으며, 묘에는 각각의 꿈을 날짜와 시간까지 정확히 기록하며 그 의미를 깊이 성찰했습니다. 그에게 꿈은 단순한 무의식의 산물이 아니라 부처님과 보살들이 직접 나타나서 심오한 가르침을 전해주시는 신성한 통로였습니다. 때로는 석가모니 부처님이 황금빛 광명에 둘러싸여 나타나시기도 하고, 때로는 관음보살이 자비로운 모습으로 법문을 설하시기도 했습니다.

특히 흥미로운 것은 묘에가 꿈속에서 자신의 전생을 보거나 미래에 일어날 일들을 예견하기도 했다는 점입니다. 그는 꿈에서 본 신비로운 체험들을 단순히 환상으로 치부하지 않고, 이를 통해 화엄경의 '시간과 공간을 초월한 법계' 사상을 직접 체험했다고 믿었습니다.

꿈 일기 중 어느 신비로운 대목에서 묘에는 이렇게 기록했습니다.

> "꿈에서 찬란한 광명에 둘러싸인 비로자나부처님께서 나타나시어 자비로운 음성으로 말씀하시기를, '너는 화엄의 깊고 푸른 바다에서 무량한 지혜의 진주를 건져 올리는 어부이다. 그 빛나는 진주들로 삼계의 어둠에 헤매는 수많은 중생들을 구제하라'고 하셨다."

또 다른 기록에서는 "꿈에서 거대한 연꽃이 피어오르는데, 그 꽃잎 하나하나에 무수한 세계가 들어 있고, 각 세계마다 부처님이 계시어 중생들을 교화하고 계셨다. 이것이야말로 화엄경에서 말하는 '일즉다 다즉일一卽多 多卽一'의 진리가 아닌가"라고 감격에 찬 어조로 적고 있습니다.

묘에는 이러한 꿈의 체험을 통해 얻은 깨달음을 바탕으로 화엄종의 교학을 더욱 깊이 이해하고 발전시켰습니다. 그의 『몽기』는 후대 일본불교에서 꿈과 수행의 관계를 탐구하는 귀중한 자료가 되었으며, 현대의 심리학자들도 관심을 갖는 독특한 문헌으로 평가받고 있습니다.

이 장엄한 꿈들을 통해 묘에는 화엄종 교학의 체계화와 대중화에 더욱 혼신의 힘을 쏟았습니다. 그는 화엄경의 현묘한 핵심 사상을 일반인도 쉽게 이해할 수 있도록 아름답고 명료한 문체로 풀어쓴 주옥같은 저술들을 남겼습니다. 특히 『금사자장광현초金師子章光顯抄』는 화엄철학의 심오한 진리를 황금사자의 비유를 통해 설명한 불멸의 명저로 평가받고 있습니다.

쇼겐 원년(1207), 묘에는 동대사 존승원의 학두(東大寺尊勝院學頭)가 되었습니다. 이는 화엄종의 최고 지위 중 하나로, 그의 학덕이 조정에서도 인정받았음을 의미했습니다. 하지만 묘에는 권위나 지위에 연연하지 않았습니다. 그는 여전히 고산지의 산중에서 소박한 수행 생활을 이어갔습니다.

쇼큐의 난(承久の亂, 1221) 때의 일화는 묘에의 인품을 잘 보여줍니다. 당시 천황의 자리에서 물러났으나 여전히 큰 영향력을 가진 고토바 상황(後鳥羽上皇)이 무사정권인 가마쿠라 막부를 타도하려다 실패했습니다. 패배한 상황을 지지했던 무사들은 막부의 추적을 받으며 목숨이 위태로웠는데, 묘에는

이들을 절에 숨겨주었습니다. 승자의 편이 아닌 패자의 편에, 권력이 아닌 생명을 택한 것입니다. 고토바 상황을 지지하는 무사들을 숨겨준 일로 가마쿠라 막부군에게 체포된 묘에는 호조 야스토키 앞으로 끌려갔습니다.

막부군의 대장인 야스토키가 묘에스님에게 물었습니다.

"스님은 반역자들을 도왔는데도 왜 두려워하지 않습니까?"

묘에는 차분하게 답했습니다.

"자비는 적과 아군을 가리지 않습니다. 괴로워하는 사람이 있으면 돕는 것이 부처님의 가르침입니다. 저는 정치적 계산으로 그들을 도운 것이 아니라, 단지 고통받는 생명을 외면할 수 없었을 뿐입니다."

이 말을 들은 야스토키는 묘에의 넓은 자비심에 탄복하여 오히려 그에게 귀의하게 되었다고 합니다.

묘에의 예술혼은 또 다른 차원에서도 빛을 발했습니다. 그는 신라의 의상 대사와 당나라 여인 선묘의 애틋한 사랑 이야기에 깊이 감동하여, 이를 아름다운 두루마리 그림으로 남겼습니다. 「화엄종조회전華嚴宗祖繪傳」이라 불리는 이 작품에서 묘에는 의상이 당나라에서 공부할 때 만난 선묘의 순수한 사랑과, 그녀가 용이 되어서도 의상을 지켜준다는 신비로운 이야기를 섬세한 붓끝으로 그려냈습니다.

그림 속에는 황해의 푸른 파도 위로 솟아오른 거대한 용의 모습과, 경전을 품에 안고 배를 타고 있는 의상의 모습이 시공을 초월한 아름다움으로 펼쳐져 있었습니다. 묘에는 이 그림을 그리며 눈물을 흘렸다고 전해지는데, 아마도 사랑과 구도의 갈등 속에서도 피어나는 진정한 자비의 마음을 깊이 이해했기 때문일 것입니다.

"사랑도 집착을 버리면 자비가 되고, 이별도 깨달음으로 승화되면 영원한 만남이 됩니다. 선묘보살의 마음이 바로 그것이었습니다."

묘에는 또한 일본 차茶 문화의 개척자로도 불립니다. 에이사이 선사가 중국에서 가져온 차씨를 받아 도가노오 일대의 맑은 계곡물과 산안개가 어우러진 땅에서 본격적인 차 재배를 시작한 것이 바로 묘에스님이였습니다. 그는 차를 마시는 것도 수행의 일부라고 여겼는데, 찻잎이 뜨거운 물을 만나 우러나는 과정에서 무상과 연기의 진리를 발견했습니다.

"차 한 잔에도 우주의 진리가 들어 있습니다. 찻잎이 우러나는 과정을 보면 모든 존재가 서로 의존하며 생성하는 연기의 법칙을 깨달을 수 있습니다. 쓰디쓴 찻잎이 감로수로 변하듯, 번뇌도 지혜로 변할 수 있습니다."

묘에의 이런 사상은 후에 일본 다도의 정신적 바탕이 되었습니다.

묘에는 학자이자 동시에 실천가였습니다. 그는 이론적 연구에만 그치지 않고 계율을 엄격히 지키며 몸소 수행의 모범을 보였습니다. 당시 가마쿠라 시대 불교계가 점차 세속화되어 가는 상황에서, 묘에는 원시 불교의 순수함을 되찾으려 노력했습니다.

어느 날 한 젊은 승려가 묘에를 찾아와 물었습니다.

"스승님, 요즘 세상은 너무 어지럽고 사람들의 마음도 메말라 있습니다. 어떻게 하면 진정한 수행을 할 수 있을까요?"

묘에는 창밖의 나무를 가리키며 말했습니다.

"저 나무를 보십시오. 태풍이 와도, 눈이 와도 꿋꿋이 제자리를 지키고 있습니다. 뿌리를 깊이 내렸기 때문이지요. 수행도 마찬가지입니다. 외부 환경이 어떻든 자신의 뿌리, 즉 부처님의 가르침에 깊이 뿌리내리면 흔들리지 않습니다."

간기 4년(1232) 정월 19일, 묘에는 고산지의 선당원에서 미륵보살의 명호名號를 부르며 향년 60세의 나이로 입적했습니다. 임종 직전 그는 제자들에게 이런 유훈을 남겼습니다.

"화엄의 진리는 어떤 한 곳에 머물러 있는 것이 아닙니다. 모든 곳에, 모든 순간에 가득합니다. 나무 위에서도, 땅 위에서도, 꿈속에서도, 깨어 있을 때도 항상 부처님의 세계입니다. 이것을 잊지 마십시오."

묘에가 남긴 가장 큰 유산은 화엄종의 중흥과 체계화였습니다. 그는 단순히 경전을 연구하는 학자가 아니라, 화엄사상을 일상생활 속에서 실천하는 방법을 보여준 실천가였습니다. 나무 위의 좌선, 꿈의 기록, 엄격한 계율 준수 등은 모두 화엄의 "사사무애" 사상을 구현한 것이었습니다.

또한 그는 불교와 일본 문화의 융합에도 큰 기여를 했습니다. 차 문화의 정착, 회화와 서예 장려, 와카(和歌) 창작 등을 통해 불교를 일본인의 정서에 맞게 토착화시켰습니다. 특히 자연과 하나되는 수행법은 일본불교만의 독특한 특색을 만들어냈습니다.

고산지(高山寺)의 고즈넉한 경내에는 지금도 한 그루의 소나무가 서 있습니다. 묘에가 좌선 삼매에 잠겼던 그 전설적인 나무의 후예로, 팔백 년이라는 세월의 강을 건너온 살아 있는 증인입니다. 바람에 스치는 솔잎 소리를 듣노라면, 문득 나뭇

가지 위에서 고요히 명상에 잠겼던 한 수행자의 모습이 눈앞에 아른거립니다. 세속의 번뇌를 벗어나 높은 곳에서 내려다본 세상, 그곳에서 그는 만물이 서로 얽혀 있는 깊은 인연의 실타래를 발견했을 것입니다.

"모든 것이 부처님의 몸이요, 모든 소리가 설법이다."

나무 위 좌선에서 얻은 이 깨달음은 단순한 철학적 명제를 넘어서, 생명 있는 모든 것들 사이의 신비로운 연결고리를 보여주는 시적 진리였습니다. 솔바람이 전하는 무언의 가르침, 새소리에 담긴 법문, 햇살이 그리는 그림자마저도 모두 부처의 현현이라는 화엄의 세계관이 그의 온몸으로 체득된 순간이었을 것입니다. 그 소나무는 여전히 그 자리에서 묵묵히 자라며, 찾아오는 이들에게 묘에 스님이 전하고자 했던 깊은 침묵의 메시지를 속삭이고 있습니다.

제 2 장

자비의 바다로 나아간 수행자들

— 중생구제와 정토신앙

서민들과 함께한 길 위의 성자
–쿠야(空也)

"나무아미타불 나무아미타불……"

헤이안 시대 어느 가을날 오후, 교토의 번화한 시장 한복판에서 울려 퍼지는 염불소리가 있었습니다. 사람들이 하나둘 모여들어 그 소리의 주인공을 찾아보니, 남루한 옷을 입은 한 스님이 목탁을 치며 염불을 하고 있었습니다. 바로 쿠야, 공야(空也, 903~972) 선사였습니다.

"저 스님은 누구신가?"

"쿠야 스님이라 하지. 궁궐에서 나와 길거리에서 염불하시는 분이야."

"궁궐에서 나왔다고?"

사람들은 신기해했습니다. 화려한 궁궐을 떠나 시끄러운 길거리에서 수행하는 승려라니, 처음 보는 일이었습니다.

쿠야(空也)는 원래 황족 출신이었습니다. 다이고천황(醍醐天皇)의 황자로 태어나 어려서부터 궁중에서 최고의 교육을 받으며 자랐습니다. 총명했던 그는 한시와 와카(和歌)에 뛰어났고, 불교 경전에도 해박한 지식을 갖추고 있었습니다.

하지만 열여덟 살 되던 해, 그의 인생을 완전히 바꾼 사건이 일어났습니다. 어느 날 궁궐에서 성대한 잔치가 열렸습니다. 온갖 산해진미가 차려지고 화려한 비단옷을 입은 귀족들이 즐거워하고 있었습니다. 젊은 쿠야도 그 잔치에 참석해 있었는데, 문득 창밖을 내다보니 궁궐 담 너머로 초라한 행색의 사람들이 지나가는 것이 보였습니다.

그들의 모습은 모두들 지치고 힘겨워 보였습니다. 눈앞의 화려함과 창밖의 힘들어하는 사람들의 모습이 교차하면서 쿠야의 마음에는 깊은 충격이 밀려왔습니다. 담장 하나를 사이에 두고 이토록 다른 세상이 존재한다는 현실이 무겁게 다가

왔습니다.

'진정한 부처님의 가르침이란 무엇일까? 지금의 이런 삶이 과연 의미가 있을까?'

며칠 밤을 뜬눈으로 지새운 후, 쿠야는 마침내 결심했습니다. 궁궐을 떠나 출가의 길을 걷기로 한 것입니다.

"무엇 때문에 그런 결정을 내렸느냐?"

가족들이 만류했지만 쿠야의 마음은 이미 정해져 있었습니다.

"부처님의 가르침을 진정으로 이해하려면, 고통받는 사람들 곁에 있어야 합니다. 궁궐 안에서는 세상의 진짜 모습을 볼 수 없습니다."

출가 후 쿠야는 독특한 수행의 길을 걸었습니다. 다른 승려들이 산속으로 들어가 조용한 수행을 할 때, 그는 오히려 사람들이 북적이는 시장과 길거리로 향했습니다. 그가 추구한 '시중도량市中道場'의 시작이었습니다. 처음에는 스승들도 이해하지 못했습니다.

"왜 굳이 시끄러운 곳에서 수행하려 하느냐?"

쿠야는 잠시 생각하더니 대답했습니다.

"부처님께서는 중생을 구원하기 위해 이 세상에 오셨습니다. 중생을 떠나서 어떻게 부처님의 뜻을 실현할 수 있겠습니까? 진정한 수행은 사람들과 함께할 때 완성된다고 생각합니다."

이렇게 시작된 쿠야의 길거리 포교는 당시로서는 혁명적인 것이었습니다. 그는 절에 머물지 않고 시장과 길거리를 돌아다니며 사람들과 함께 염불했습니다.

쿠야의 가르침에서 가장 독특한 것은 '육자명호六字名號' 수행법이었습니다. '나무아미타불'이라는 여섯 글자를 한 자씩 염하며, 각 글자마다 부처님이 나타난다고 가르쳤습니다.

"염불할 때 정말로 부처님이 나타나십니까?"

제자가 물었습니다.

"나타나는 것이 아니라 원래 있던 것을 보게 되는 것이다. 부처님은 항상 우리와 함께 계시지만, 우리의 마음이 어두워 보지 못할 뿐이다."

이런 가르침은 후일 유명한 조각상으로 형상화되었습니다. 입에서 여섯 개의 작은 부처가 나오는 모습으로 표현된 것인데, 이는 염불할 때마다 부처님이 나타난다는 그의 가르침을 시각적으로 보여준 것입니다.

쿠야의 활동은 염불에만 그치지 않았습니다. 그는 사회적 약자들을 돌보는 일에도 적극적이었습니다. 병자를 돌보고, 고아들을 보살피며, 가난한 이들에게 음식을 나누어주었습니다.

어느 추운 겨울날, 길거리에서 얼어 죽어 가는 거지를 발견한 쿠야는 망설임 없이 자신의 옷을 벗어 입혀주었습니다.

"스님께서 추우시잖아요."

곁에 있던 사람이 걱정하며 말했습니다.

"부처님께서 추위에 떨고 계시는데 내가 어떻게 따뜻할 수 있겠습니까? 모든 중생이 부처님이십니다."

쿠야의 영향력이 커지자 기존 불교계에서는 우려의 목소리도 나왔습니다. 어느 날 그를 비판하던 한 고승이 직접 찾아와 물었습니다.

"그대의 수행법이 과연 올바른 것인가?"

쿠야는 고개를 들어 하늘을 바라보더니 대답했습니다.

"부처님께서 왕궁을 떠나 중생들 곁으로 오신 것처럼, 저도 절을 떠나 중생들 곁으로 왔을 뿐입니다. 형식보다 중요한 것은 마음입니다."

쿠야의 가르침 중 가장 깊이 있는 것은 '일체유심조一切唯心造'에 대한 해석이었습니다.

"마음이 지옥을 만들고, 마음이 극락을 만든다. 같은 거리를 걷더라도 미워하는 마음으로 걸으면 지옥이 되고, 사랑하는 마음으로 걸으면 극락이 된다."

말년에 쿠야는 '육바라밀사六波羅蜜寺'라는 절을 세워 서민들을 위한 포교의 거점으로 삼았습니다. 제자들이 물었습니다.

"스승님께서는 항상 다른 사람을 위해서만 사시는데, 스승님 자신의 행복은 언제 찾으실 겁니까?"

쿠야는 환한 미소를 지으며 대답했습니다.

"다른 사람이 행복해하는 모습을 보는 것이 나의 가장 큰 행복이다. 함께 염불할 때 사람들의 얼굴에 번지는 평안한 미소, 그것이 바로 극락이다."

입적을 앞두고 쿠야는 제자들에게 마지막 가르침을 주었습니다.

"부처님은 멀리 계시지 않다. 바로 여기, 우리들 사이에 계신다. 길에서 만나는 모든 사람이 부처님이고, 우리가 딛고 서 있는 이 땅이 바로 극락정토다."

"스승님, 그럼 저희는 무엇을 해야 합니까?"

"염불을 계속하라. 입으로만 하지 말고 온 마음으로, 온 몸으로 하라. 그리고 혼자만 하지 말고 사람들과 함께 하라."

"나무아미타불 나무아미타불……"

쿠야의 마지막 염불소리가 방안을 가득 채웠습니다. 그 소리에는 평생 중생을 사랑했던 따뜻한 마음이 고스란히 담겨 있었습니다.

쿠야 스님이 입적한 후, 그의 가르침은 제자들을 통해 계속 이어졌습니다. 교토의 로쿠하라미쓰지, 육바라밀사에는 지금도 스님의 유명한 조각상이 모셔져 있어, 입에서 여섯 개의 부처가 나오는 모습으로 염불의 공덕을 상징하고 있습니다.

현재를 살아가는 우리에게 쿠야 스님의 가르침은 무엇을 말해줄까요? 진정한 행복은 자신만의 안위를 추구하는 것이 아니라, 다른 사람의 고통을 함께 나누고 기쁨을 함께 만들어 가는 것입니다. 그것이 바로 쿠야 스님이 길거리에서 보여준 '길 위의 부처' 정신입니다.

오늘날 우리가 걷고 있는 이 길들도 쿠야 스님에게는 모두 수행의 도량이었습니다. 출근길 지하철에서, 바쁜 시장 골목에서, 사람들로 붐비는 광장에서, 우리는 여전히 그의 염불소리를 들을 수 있습니다.

"나무아미타불 나무아미타불……"

그 소리는 지금도 우리에게 말합니다. "혼자가 아니다. 함께 걷고 있다"고.

지옥에 들어선 줄 알았는데 극락이로구나
– 잇펜(一遍)

"부처님의 자비 앞에서는 부자도 가난한 자도,
배운 자도 못 배운 자도 없습니다. 오직 이 순간의
진실한 마음만이 있을 뿐입니다."

가마쿠라 시대, 전란의 상처가 아물지 않은 땅 위로 또 다른 어둠이 드리웠습니다. 사람들의 마음은 메마르고, 희망은 가물가물했습니다. 그 시절, 집도 절도 없이 전국을 떠돌며 오직 중생구제만을 위해 살아가는 한 수행자가 있었습니다.

1239년, 현재의 에히메현 작은 마을에서 태어난 잇펜(一遍). 열 살에 어머니를 여의고 불문에 들어선 그는, 처음에는 당시 주류였던 천태종 사원에서 수행을 시작했습니다. 어린 나이였지만 총명했던 그는 경전 암송과 교학에 뛰어난 재능을 보였습니다.

십대 후반, 잇펜은 규슈의 다자이후 지역으로 유학을 떠났습니다. 그곳에서 그는 정토교 사상을 접하게 되었고, 특히 일본 정토종의 개조로 추앙받던 호넨(法然)의 제자, 쇼타츠(聖達) 스님으로부터 많은 가르침을 받았습니다. 스승인 쇼타츠는 그에게 "염불의 참뜻은 입으로 하는 것이 아니라 마음으로 하는 것"이라고 가르쳤습니다.

하지만 젊은 잇펜에게는 여전히 의문이 많았습니다. 어느 날 그는 스승에게 물었습니다.

"스승님, 저는 날마다 수만 번의 염불을 하고 있지만 마음의 평안을 얻지 못합니다. 과연 제가 올바른 길을 걷고 있는 것입니까?"

쇼타츠 스님은 잠시 침묵하더니 이렇게 답했습니다.

"염불의 공덕을 헤아리려 하지 마라. 아미타부처님의 자비는 우리의 계산을 넘어선다. 다만 진실한 마음으로 부르기만 하면 된다."

이 말씀에도 불구하고 잇펜의 마음은 여전히 불안했습니다. 그는 더욱 엄격히 수행에 매진했습니다. 하루에 몇 시간씩 염불을 하고, 금식을 하며, 때로는 밤새 경행經行을 하기도 했습니다. 하지만 노력하면 할수록 마음은 더욱 조급해졌고, 깨달음은 멀어져만 갔습니다.

스물다섯 살 무렵, 잇펜은 큰 시련을 겪게 되었습니다. 오랜 정진에도 불구하고 깨달음을 얻지 못한 좌절감과, 세상의 고통을 보면서 느끼는 무력감이 그를 짓눌렀습니다. 그는 며칠간 음식도 거르고 잠도 자지 않으며 절망에 빠져 있었습니다. 그런 그를 본 한 노승이 조용히 다가와 말했습니다.

"젊은이여, 무엇을 그리 애쓰고 있는가? 부처님은 이미 그대를 구원하셨는데 왜 스스로를 괴롭히는가?"

"하지만 저는 아직 아무것도 깨닫지 못했습니다."

"깨달으려 하는 그 마음이 바로 미혹이다. 깨달음이란 얻는 것이 아니라 원래 있던 것을 발견하는 것이니라."

이 말은 잇펜에게 깊은 울림을 주었지만, 여전히 완전한 이해에는 이르지 못했습니다. 그는 계속해서 방황했고, 이런 시기가 십여 년간 계속되었습니다.

삼십 대에 접어들어서도 잇펜의 수행은 계속되었습니다. 그는 여러 사원을 돌아다니며 다양한 스승들을 만났습니다. 어떤 스승은 화엄의 원융무애를 설했고, 어떤 스승은 선종의 직지인심直指人心을 강조했습니다. 하지만 그 어떤 가르침도 그의 마음에 완전한 평안을 가져다주지는 못했습니다.

스승이었던 쇼타츠는 그에게 늘 이렇게 말했습니다.

"불법의 핵심은 복잡한 이론이 아니라 단순한 신심에 있다. 아미타부처님의 본원력을 믿고 의지하는 것, 그것이면 충분하다."

하지만 잇펜의 마음에는 여전히 의문이 남아 있었습니다. 진정한 전환점은 1274년 여름, 그가 삼십오 세가 되었을 때였습니다. 1274년 여름, 와카야마의 한 작은 절. 35년을 살아온 잇펜은 깊은 고뇌에 빠져 있었습니다. 거리에서 만나는 사람들은 극락은커녕 지옥 같은 현실 속에서 신음하고 있었습니다. 자신의 포교가 과연 의미가 있는 것인지, 부처님의 가르침이 이 어지러운 세상에 닿을 수 있는 것인지 회의가 밀려왔습니다.

그러던 어느 날 밤이었습니다. 꿈속에서 아미타불의 음성이 들려왔습니다.

"지옥에 들어선 줄 알았는데 극락이로구나."

한 줄기 번개처럼 스친 이 말씀은 잇펜의 세계를 완전히 뒤바꾸어 놓았습니다. 지옥과 극락이 따로 있는 것이 아니었습니다. 아미타부처님의 구원은 이미 이루어져 있었고, 우리가 할 일은 단지 그것을 받아들이는 것뿐이었습니다.

"아미타부처님은 오래전 이미 깨달아 중생을 구제하시니
한 생각으로 미타국토에 왕생하리라."
(十劫正覺衆生界 一念往生彌陀國)

잇펜은 이 깨달음을 시로 읊었습니다. 아미타부처님께서는 십겁이라는 긴 시간 전에 이미 모든 중생의 구원을 완성하셨습니다. 그러니 우리는 단 한 번의 진실한 염불로도 그 은혜 속에 들 수 있다는 것이었습니다.

어느 날, 한 노파가 그를 찾아왔습니다.

"스님, 저는 너무 어리석고 배우지 못해 경전도 읽을 줄 모릅니다. 이렇게 무지한 제가 과연 극락에 갈 수 있을까요?"

잇펜은 환하게 미소 지으며 답했습니다.

"나무아미타불 한 번이면 됩니다. 부처님께서는 이미 우리 모두의 구원을 약속하셨으니까요. 우리가 할 일은 그저 그 약속을 믿고 염불하는 것뿐입니다."

이 단순하고도 명료한 가르침은 당시로서는 혁명적이었습니다. 복잡한 의례나 오랜 수행이 아니라, 진실한 마음 하나로 구원받을 수 있다는 것이었습니다.

잇펜의 행색은 남루하기 그지없었습니다. 거지나 다름없는 모습이었기에 가마쿠라의 도성에서는 출입을 거부당하기도 했습니다. 하지만 그는 전혀 개의치 않았습니다. 오히려 그 거절이 자신의 길이 옳다는 증거라고 여겼습니다.

"부처님의 자비 앞에서는 부자도 가난한 자도, 배운 자도 못 배운 자도 없습니다. 오직 진실한 마음만이 있을 뿐입니다."

그런 잇펜에게 어느 날 뜻밖의 초대가 도착했습니다. 조정에서 천황이 그를 궁으로 부른 것입니다. 화려한 궁궐에는 고관대작들이 가득했고, 모든 이의 시선이 남루한 차림의 스님을 향했습니다. 하지만 잇펜은 평소와 다름없이 천황 앞에서도 나무아미타불을 염했습니다.

"부처님 앞에서는 천황도 거지도 없습니다. 지금 이 순간 진심으로 부르는 나무아미타불만이 있을 뿐입니다."

이런 그의 모습에 천황조차 감동하지 않을 수 없었습니다.

권력과 부귀영화 앞에서도 조금도 흔들리지 않는 수행자의 자세에서, 진정한 구도자의 면모를 보았던 것입니다.

잇펜이 가장 널리 알려진 것은 바로 '넴부츠오도리(念仏踊)', 춤추는 염불 때문이었습니다. 이는 그가 창시한 독특한 포교 방식으로, 사람들이 모여 있는 거리에서 북과 징을 울리며 아미타불을 외우며 춤추는 염불을 행하는 것이었습니다.

가장 유명한 일화는 에치고국(越後國)의 한 마을에서 일어났습니다. 잇펜이 이 마을에 도착했을 때, 주민들은 그를 냉대하고 그의 설법을 들으려 하지 않았습니다. 좌절하는 대신, 잇펜은 마을 광장 한가운데로 걸어가 갑자기 춤을 추기 시작했습니다. 그는 팔을 크게 벌리고 빙글빙글 돌면서 "나무아미타불"을 큰 소리로 외쳤습니다. 처음에는 사람들이 그를 미친 사람 취급했지만, 점차 그의 진실된 모습에 호기심을 느끼기 시작했습니다.

춤을 추면서 잇펜은 간간이 아미타불의 자비와 구원에 대해 이야기했습니다. 그의 열정적인 모습과 쉬운 설명에 사람들은 점점 더 관심을 갖게 되었고, 결국 많은 주민들이 그의 가르침을 받아들이게 되었습니다.

때로는 열 명이, 때로는 수십 명이 함께 어우러져 춤을 췄습니다. 그 자리에는 귀천도, 신분의 차이도, 승속의 구별도 없었습니다. 모두 하나 되어 염불하며, 춤추고 노래하는 그곳이 바로 극락이었습니다. 잇펜은 말했습니다.

"지금 이 순간이 바로 임종의 순간입니다. 지금 이 순간이 바로 왕생의 순간입니다."

어느 날에는 농촌 지역을 방문하여 농부들과 함께 넴부츠오도리를 추기도 했습니다. 모내기를 하고 있는 농부들을 만난 잇펜은 그들과 함께 논에 들어가 모를 심으면서 동시에 넴부츠오도리를 추기 시작했습니다. 농부들은 처음에는 어리둥절해 했지만, 점차 그들도 함께 춤을 추며 나무아미타불을 외치기 시작했습니다. 이 경험을 통해 농부들은 일상 노동 속에서도 불교의 가르침을 실천할 수 있다는 것을 깨달았습니다.

또한 중병을 앓고 있는 한 여인을 위해 그녀의 병상 곁에서 넴부츠오도리를 추며 기도했다는 일화도 있습니다. 그의 진심 어린 기도와 춤에 감동한 여인은 점차 건강을 회복하기 시작했고, 마침내 완전히 나았다고 합니다. 이 사건은 넴부츠오도리의 영적인 힘을 보여주는 예로 자주 언급됩니다.

잇펜은 가마쿠라 막부의 실권자 호조 도키무네 앞에서도 넴부츠오도리를 선보였습니다. 도키무네가 그의 가르침에 대해 물었을 때, 잇펜은 말로 설명하는 대신 갑자기 춤을 추기 시작했습니다. 그는 우아하게 돌면서 "나무아미타불"을 노래하듯 읊었습니다. 처음에는 당황한 도키무네와 신하들이었지만, 점차 잇펜의 춤에 담긴 깊은 신앙심과 기쁨을 느낄 수 있었습니다. 이 사건 이후 도키무네는 잇펜의 열렬한 지지자가 되었고, 그의 포교 활동을 적극적으로 후원했습니다.

그의 가르침은 훗날 시종時宗이라는 새로운 불교 종파의 핵심이 되었습니다. 현재라는 찰나의 순간 속에서 영원을 발견하는 것, 그것이 잇펜 염불의 진수였습니다. 잇펜의 넴부츠오도리는 단순한 춤이 아니라 깊은 불교적 의미를 담고 있었습니다. 이는 온몸을 사용하는 전신적 기도 행위로, 신체와 마음, 그리고 영혼을 모두 동원하여 아미타불에 대한 귀의를 표현하는 방식이었습니다. 춤을 추는 동안 춤추는 이는 자아를 잊고 오직 아미타불에 대한 염불에 집중하게 되어, 불교의 핵심 개념인 무아無我를 체험하는 방법이 되었습니다.

어느 날 한 제자가 잇펜에게 물었습니다.

"스승님, 왜 굳이 춤을 추면서 염불을 해야 합니까? 조용히 앉아서 염불하는 것과 무엇이 다릅니까?"

스님은 대답했습니다.

“부처님의 가르침을 온몸으로 느끼는 것과 머리로만 아는 것은 다릅니다. 춤을 출 때 우리의 몸과 마음이 하나가 되어 부처님과 하나됨을 체험하는 것입니다. 그때 비로소 ‘나무아미타불’이 단순한 말이 아니라 살아 있는 기도가 됩니다.”

입적을 앞두고 잇펜은 제자들에게 말했습니다.

“지혜도 어리석음도 모두 버리고, 선악의 분별도 버리고, 신분 귀천의 차별도 버리고, 지옥을 두려워하는 마음도 버리고, 극락을 원하는 마음조차도 모두 버리십시오. 그저 나무아미타불, 그것으로 충분합니다.”

마지막 순간, 그는 제자들과 함께 마지막 염불춤을 추었습니다. 북소리가 울리고 징소리가 퍼지는 가운데, 그의 춤사위는 그 어느 때보다도 자유로웠습니다. 마치 새처럼 가뿐히 춤추다가, 미소를 지으며 조용히 눈을 감았습니다.

시신마저 들판에 버려 짐승들에게 베풀라는 유언은 그의 마지막 가르침이었습니다.

“이 몸도 중생을 이롭게 하는 데 쓰일 수 있다면, 그보다 더 좋은 일이 어디 있겠습니까?”

지금도 일본 전역에서 울려 퍼지는 여름 축제의 봉오도리는 잇펜의 염불춤이 남긴 아름다운 흔적입니다. 그의 춤사위는 시간을 뛰어넘어 지금도 많은 이들의 마음속에서 춤추고 있습니다.

지옥 같은 현실 속에서도 극락을 발견할 수 있다는 그의 깨달음은, 오늘을 사는 우리에게도 큰 위안이 됩니다. 복잡한 이론이나 어려운 수행이 아니라, 단 한 번의 진실된 마음으로도 구원받을 수 있다는 가르침!

> "여행할 때 입던 옷을 벗어 던지니, 풀뿌리 나무뿌리 어디서나 이 몸이 버려지지 않을 곳이 없구나."

잇펜이 남긴 이 노래는 진정한 해탈의 의미를 담고 있습니다. 모든 것을 내려놓을 때, 우리는 비로소 부처님의 한량없는 자비 속에서 참된 자유를 얻을 수 있을 것입니다.

나무아미타불. 이 여섯 글자 속에 모든 진리가 들어 있다고 한 잇펜의 가르침은 오늘날까지 많은 사람들에게 커다란 울림으로 다가오고 있습니다. 어둠 속에서도 희망을 잃지 않고, 절망의 한복판에서도 극락을 발견하는 그 마음, 그것이 바로 거리의 춤추는 성자, 잇펜 스님이 우리에게 남긴 가장 소중한 선물입니다.

부처님 이름을 부르면 구원받는다
- 호넨(法然)

"나무아미타불, 아미타 부처님의 이름을
부르면 구원받는다."

1175년 어느 봄날 새벽, 히에이산(比叡山) 엔랴쿠지(延曆寺)의 한 구석에서 한 수행자가 깊은 고뇌에 빠져 있었습니다. 그의 앞에는 수많은 경전이 쌓여 있었고, 밤새 불을 밝힌 등불이 희미하게 타고 있었습니다. 당시 나이 마흔둘, 이 수행자가 바로 훗날 일본 정토종을 창시하게 될 호넨, 법연(法然, 1133~1212) 스님이었습니다.

"아무리 공부해도, 아무리 수행해도 깨달음은 멀기만 하구나."

호넨 스님은 깊은 한숨을 내쉬었습니다. 열다섯 살에 출가한 이래 이십여 년간 천태종의 모든 교학을 섭렵하며 공부에 매진했지만, 진정한 해탈과 열반의 길은 그에게 마냥 멀게만 느껴졌습니다.

호넨 스님은 교토 근교의 산간마을인 쿠라마의 가난한 무사 집안에서 태어났습니다. 아홉 살 때 아버지가 원수에게 살해당하는 비극을 겪었지만, 임종을 앞둔 아버지는 놀라운 유언을 남겼습니다.

"원수를 미워하지 말거라. 복수보다는 부처님의 길을 걸어 모든 이를 구원하는 사람이 되어라."

아버지가 남긴 이 말은 마음에 깊이 새겨져 결국 그를 출가의 길로 이끌었습니다. 당시 일본 불교의 중심이었던 히에이산에서 수행하던 호넨은 당대 최고의 학승들로부터 가르침을 받았습니다. 지혜롭고 총명했던 그는 금세 교학과 경전의 달인이 되었지만, 마음 한편에는 늘 의문이 자리하고 있었습니다.

'이렇게 어려운 수행과 복잡한 교리를 모든 사람이 다 이해

할 수 있을까? 글을 모르는 농부들, 하루 세 끼 먹기도 힘든 가난한 사람들도 구원받을 수 있을까?'

그러던 어느 날, 호넨은 중국 선도善導 대사의 『관경소觀經疏』를 읽게 되었습니다. 그 책에서 만난 한 구절이 그의 인생을 완전히 바꾸어 놓았습니다.

"일체 중생이 다만 염불하면 모두 정토에 왕생한다."

'그렇구나! 부처님의 자비는 이미 완성되어 있고, 우리는 다만 그것을 믿고 받아들이기만 하면 되는구나!' 호넨은 무릎을 치며 일어났습니다. 수십 년간 찾아 헤맸던 답이 이렇게 단순하고 명료할 줄이야. 복잡한 수행이나 어려운 교리가 아니라, 오직 아미타부처님의 이름을 부르는 것만으로도 구원받을 수 있다는 깨달음이었습니다.

호넨은 곧바로 히에이산을 떠나 교토로 내려와 사람들에게 염불의 가르침을 펼치기 시작했습니다. 단지 아미타부처님의 이름만 부르는 것으로 극락정토에 갈 수 있다는 가르침에, 처음에는 사람들이 의아해했습니다.

어느 날 한 부인이 찾아와 눈물을 흘리며 말했습니다.

"스님, 저는 남편을 일찍 잃고 혼자서 아이들을 키우고 있습니다. 하루 종일 일해도 먹고살기 힘들어 절에 다닐 시간도,

경전을 읽을 줄도 모릅니다. 이런 제가 과연 극락에 갈 수 있을까요?"

호넨은 따뜻한 미소를 지으며 대답했습니다.

"그 걱정하는 마음이야말로 부처님께서 가장 사랑하시는 마음입니다. 아미타부처님께서는 이미 모든 중생의 구원을 약속하셨습니다. 일하면서도, 아이를 돌보면서도, 마음속으로 '나무아미타불'만 불러보세요. 그것만으로 충분합니다."

"정말 그것만으로 될까요?"

"아미타부처님은 48가지 서원 중 18번째 서원에서 '모든 중생이 지극한 마음으로 나를 믿고, 내 나라에 태어나기를 원하며, 간절히 염불해도 정토에 태어나지 못한다면 나는 정각을 이루지 않겠다'고 하셨습니다. 부처님께서 이미 약속하셨으니 의심하지 마세요."

부인은 안도의 표정을 지으며 두 손을 모았습니다.

"나무아미타불, 나무아미타불, 나무아미타불……"

호넨 스님의 가르침은 순식간에 교토 전역에 퍼져 나갔습니다. 귀족부터 서민까지, 배운 사람이나 배움이 전혀 없는 이들까지 모든 이들이 염불을 하기 시작했습니다. 특히 늘 죽음을 곁에 두고 살아야만 하는 무사들 사이에서 스님의 가르침은 큰 반향을 일으켰습니다.

어느 날 한 무사가 찾아와 물었습니다.

"스님, 저는 전장에서 많은 사람을 죽였습니다. 이런 죄인도 구원받을 수 있습니까?"

"당신이 지금 죄를 뉘우치는 마음을 가지고 있는 것이야말로 부처님의 자비가 이미 작용하고 있다는 증거입니다. 아미타부처님의 자비는 특히 죄 많은 중생을 위한 것입니다. 선인은 다른 수행으로도 구원받을 수 있지만, 악인은 오직 부처님의 자비로만 구원받을 수 있기 때문입니다."

"그럼 저 같은 사람도…"

"나무아미타불을 일념으로 부르세요. 진심으로 뉘우치며 아미타부처님 이름을 부르는 순간, 당신은 이미 구원받은 것입니다."

무사는 그 자리에서 스님에게 합장을 올리며 무릎을 꿇고 목 놓아 염불을 시작했습니다.

호넨 스님의 가르침 중 가장 감동적인 일화는 임종을 앞둔 사람들과의 만남에서 나타납니다. 어느 날 중병에 걸린 한 노인이 스님을 청해 모셨습니다.

"스님, 저는 평생 가난하게 살며 남에게 베풀 것도 없었고,

선행다운 선행도 하지 못했습니다. 이제 죽음을 앞두고 있는데 저는 지금 너무나 두렵습니다."

호넨 스님은 노인의 손을 잡고 조용히 말했습니다.

"두려워하지 마세요. 아미타부처님께서는 바로 당신 같은 분을 위해 극락정토를 만드셨습니다. 지금 이 순간부터 함께 염불합시다."

"나무아미타불, 나무아미타불, 나무아미타불……"

스님과 노인이 함께 부르는 염불소리가 방안을 가득 채웠습니다. 노인의 얼굴에는 두려움 대신 평안한 미소가 번져 나갔습니다.

"스님, 마음이 이렇게 편안한 건 처음입니다. 마치 부처님이 제 손을 잡고 계신 것 같아요."

며칠 후 노인은 염불을 입에 달고 평안히 눈을 감았습니다.

하지만 호넨의 가르침이 널리 퍼지자 기존 불교계의 반발도 거세졌습니다. 엄격한 수행을 중시하던 기존의 종파들은 "너무 쉬운 구원론은 사람들을 나태하게 만든다"며 비판했습니다.

어느 날 한 고승이 호넨 스님을 찾아와 따졌습니다.

"염불만으로 구원받는다면 계율은 왜 지키고, 선정은 왜 닦으며, 지혜는 왜 배워야 합니까?"

호넨 스님은 차분히 대답했습니다.

"선을 행하고 악을 버리는 것은 당연한 일입니다. 하지만 그것이 구원의 조건은 아닙니다. 아미타부처님의 자비는 우리의 행위와 상관없이 이미 완성되어 있습니다. 다만 그 자비를 받은 감사함으로 자연스럽게 선행을 하게 되는 것입니다."

"그럼 악행을 해도 염불만 하면 구원받는다는 말입니까?"

"염불하는 마음과 악행하는 마음이 어떻게 양립할 수 있겠습니까? 진정한 염불은 부처님의 자비에 감동한 마음에서 나오는 것이니, 자연히 선한 마음으로 이어지게 됩니다."

하지만 기존 불교계의 압력은 점점 거세졌고, 1207년 마침내 호넨은 도사(土佐, 현재의 고치현)로 유배를 떠나야 했습니다. 일흔네 살의 고령에도 불구하고 스님은 이를 담담히 받아들였습니다. 그리고 그는 유배지에서도 변함없이 염불의 가르침을 펼쳤습니다.

유배지에서 만난 한 어부가 물었습니다.

"스님은 왜 이런 고생을 하면서도 염불을 가르치십니까?"

"물고기가 물을 떠나서는 살 수 없듯이, 저는 염불을 떠나서는 살 수 없습니다. 이 가르침이 한 사람이라도 더 많은 이에게 전해져 고통받는 이들이 위안을 얻는다면, 어떤 고생이라도 감수할 수 있습니다."

호넨 스님은 팔십 세의 고령에 이를 때까지 쉬지 않고 염불의 가르침을 펼쳤습니다. 임종을 앞두고 제자들이 마지막 가르침을 청하자, 호넨은 이렇게 말했습니다.

"지혜롭든 어리석든, 선인이든 악인이든 상관없이 염불하는 마음만 있으면 됩니다. 아미타부처님의 본원은 그토록 광대하고 깊은 것이니까요."

그리고 조용히 덧붙였습니다.

"나무아미타불을 부르되, 의심하지 마세요. 부처님께서 '반드시 구원하겠다'고 약속하셨으니, 그 약속을 믿고 맡기기만 하면 됩니다. 그것이 전부입니다."

호넨 스님은 마지막 최후의 순간까지 염불을 하며 입적에 들었습니다. 스님의 임종 순간, 방안에는 향기가 가득했고 아름다운 음악이 들려왔다고 전해집니다.

그 후, 스님이 세운 염불의 가르침은 일본 불교사에 혁명적 변화를 가져오게 됩니다. 복잡한 교리나 엄격한 수행 대신, 오직 믿음과 염불만으로도 구원받을 수 있다는 가르침은 모든 계층의 사람들에게 희망을 주었습니다.

지금도 일본 전역의 정토종淨土宗 사찰에서는 호넨 스님의 가르침이 이어지고 있습니다. "나무아미타불"을 부르는 소리는 시간과 공간을 넘어 고통받는 모든 이들에게 위안과 희망을 전하고 있습니다. 현대를 살아가는 우리에게도 호넨 스님의 가르침은 큰 의미를 줍니다. 완벽하지 못한 자신을 탓하며 절망할 필요 없이, 있는 그대로의 모습으로 부처님의 자비를 받아들이면 된다는 것. 그 단순하지만 깊은 진리가 바로 스님이 우리에게 남긴 가장 소중한 선물입니다.

"나무아미타불"을 부르는 순간, 우리는 이미 부처님의 무한한 자비 속에 안겨 있는 것입니다.

극락은 멀리 있는 것이 아니다
– 겐신(源信)

"극락과 지옥은 멀리 있는 것이 아니다.
바로 우리 마음속에 있다."

헤이안 시대 중기, 히에이산의 깊은 산사에서 촛불을 켜놓고 경전을 읽고 있는 한 수행자가 있었습니다. 서른 살의 겐신(源信, 942~1017) 스님은 오늘도 『관무량수경』을 펼쳐놓고 아미타부처님의 세계에 대해 깊이 사색하고 있었습니다. 그의 마음속에는 중생들을 위한 간절한 원력이 꿈틀거리고 있었습니다.

겐신은 야마토국(大和國, 현재의 나라현) 출신으로, 어려서부터 뛰어난 재능을 보였습니다. 아홉 살 되던 해 어머니를 따라 히에이산을 방문했을 때, 그의 총명함을 알아본 사이초(最澄) 대사의 제자들은 출가를 권했습니다. 어머니는 어린 아들을 멀리 보내는 것이 마음 아팠지만, 아이의 장래를 위해 눈물을 삼키며 동의했습니다.

히에이산에서 겐신은 천태교학을 깊이 공부했습니다. 법화경을 중심으로 한 사이초 대사의 가르침을 충실히 익혔고, 특히 중국 천태대사의 지관止觀 수행법에 뛰어난 재능을 보였습니다. 스승들은 모두 그를 미래의 천태종 지도자로 기대했습니다.

하지만 겐신의 마음에는 깊은 고민이 있었습니다. 공부하고 있는 심오한 교학과 수행법이 과연 일반 민중들에게 어떤 도움이 될 수 있을까 하는 의문이었습니다. 복잡한 이론과 어려운 수행법은 학식 있는 승려들에게는 의미가 있을지 모르지만, 글자도 모르는 농민들에게는 너무 거리가 먼 것 같았습니다. 그러던 어느 날 겐신에게 운명적인 편지 한 통이 도착했습니다. 고향에 계신 어머니가 보낸 편지였습니다.

"아들아, 네가 훌륭한 승려가 되어 출세하기를 바라는 것이 아니다. 다만 많은 사람들의 고통을 덜어주는 자비로운 스님이 되기를 바란다. 명예나 지위보다는 중생을 구제하는 일에 힘써다오."

어머니의 간절한 당부는 겐신의 마음을 깊이 울렸습니다. 그는 그때까지 추구해 온 학문적 성취와 사회적 지위에 대한 욕망을 내려놓기로 결심했습니다. 대신 진정으로 중생들에게 도움이 되는 가르침을 찾아나서기로 마음먹었습니다.

겐신이 주목한 것은 정토신앙이었습니다. 아미타부처님의 극락정토에 대한 가르침은 복잡한 이론이나 어려운 수행 없이도 누구나 이해하고 실천할 수 있는 것이었습니다. 특히 『관무량수경』에 나오는 십육관법十六觀法은 극락정토를 마음속에 그려보는 관상법으로, 일반인들도 쉽게 따라할 수 있었습니다.

하지만 겐신의 접근법은 기존의 정토신앙과는 달랐습니다. 그는 극락정토를 단순히 죽어서 가는 곳으로만 이해하지 않았습니다. 대신 바로 지금 이 순간, 우리 마음속에서 체험할 수 있는 정신적 세계로 이해했습니다.

어느 날 한 농부가 겐신을 찾아와 물었습니다.

"스님, 저는 하루 종일 농사일로 바빠서 긴 시간 염불할 수도 없고, 복잡한 관상법도 할 수 없습니다. 이런 제가 과연 극락에 갈 수 있을까요?"

겐신은 온화한 미소를 지으며 답했습니다.

"극락은 먼 곳에 있는 것이 아닙니다. 바로 당신의 마음속에 있습니다. 농사일을 하면서도 잠깐씩 아미타부처님을 생각하고, 다른 사람에게 자비로운 마음을 갖는 것. 그것만으로도 충분히 극락을 체험할 수 있습니다."

"그런 간단한 것으로도 됩니까?"

"한 생각 한 생각이 모두 부처님과 만나는 기회입니다. 화낼 때는 지옥을 만들고, 자비로울 때는 극락을 만드는 것입니다. 극락은 죽어서 가는 곳이 아니라 지금 여기서 만들어가는 것입니다."

거리의 민초들에게 이해하기 쉽고 접근하기 용이한 가르침을 전하고자 겐신은 자신의 정토사상을 체계적으로 정리하기 시작했습니다. 985년, 마흔네 살의 나이에 그는 『왕생요집往生要集』이라는 대작을 완성했습니다.

『왕생요집』은 일본 정토불교의 출발점이 된 기념비적 저작이었습니다. 이 책에서 겐신은 지옥과 극락을 생생하게 묘사하면서도, 이것들이 모두 우리 마음의 작용임을 강조했습니다. 특히 "일심一心"의 중요성을 역설하며, 진실한 한마음으로 아미타부처님을 염하면 누구나 극락에 왕생할 수 있다고 가르쳤습니다.

하지만 겐신의 가장 독창적인 기여는 "염불삼매念佛三昧" 사상이었습니다. 이는 염불을 통해 아미타부처님과 하나가 되는 깊은 명상 상태를 의미했습니다. 염불하는 자와 염불 받는 부처님, 그리고 염불 자체가 하나로 통합되어 극락정토를 직접 체험할 수 있다는 것이었습니다.

어느 날 겐신은 산에서 내려와 교토의 서민들을 위해 설법했습니다. 많은 사람들이 모여들었는데, 그중에는 병든 노인 하나가 있었습니다. 설법이 끝난 후 그 노인이 겐신에게 다가왔습니다.

"스님, 저는 이제 얼마 살지 못할 것 같습니다. 죽음이 두렵습니다. 어떻게 해야 할까요?"

겐신은 노인의 손을 잡으며 따뜻하게 말했습니다.

"두려워하지 마십시오. 죽음은 끝이 아니라 새로운 시작입니다. 지금 이 순간부터 마음속으로 아미타부처님을 그려보십시오. 자비롭고 온화한 부처님의 모습을요. 그 부처님이 당신을 맞이하러 오시는 것을 상상해보십시오."

노인의 얼굴에 평안함이 찾아왔습니다.

"그런데 스님, 저는 죄를 많이 지었습니다. 그런 제가 정말 극락에 갈 수 있을까요?"

"아미타부처님의 자비는 죄의 많고 적음을 따지지 않습니다. 진실한 마음으로 참회하고 염불하면 됩니다. 중요한 것은 과거의 죄가 아니라 지금 이 순간의 마음입니다."

며칠 후 그 노인이 평안하게 임종했다는 소식이 전해졌습니다. 임종 순간까지 미소를 지으며 염불했다고 합니다. 이 소식은 교토 전체에 큰 감동을 주었고, 겐신의 가르침에 대한 사람들의 신뢰는 더욱 깊어졌습니다.

겐신의 명성이 높아지자 조정에서도 그를 주목하기 시작했습니다. 후지와라 미치나가를 비롯한 귀족들이 그에게 설법을 청했고, 심지어 궁중에서도 초청이 왔습니다. 하지만 겐신 스님은 이런 세속적 명예에는 관심이 없었습니다.

"나는 출세를 위해 불법을 공부한 것이 아닙니다. 오직 중생 구제를 위해서입니다."

그런 겐신에게 어느 날 큰 시험이 찾아왔습니다. 한 부유한 상인이 거액의 시주금을 들고 찾아온 것입니다.

"스님, 이 돈으로 큰 절을 짓고 아름다운 불상을 만드는 불사佛事를 시작하시는 것이 어떨까요. 그러면 더 많은 사람들이 부처님을 따르게 될 것입니다."

다른 승려들은 모두 기뻐했지만, 겐신의 반응은 달랐습니다.

"고마운 마음입니다만, 이 돈을 다른 곳에 쓰는 것이 어떨까요?"

"다른 곳이라고요?"

"기근으로 굶주리는 사람들을 위해, 병들어 고통받는 사람들을 위해 쓰신다면 더 큰 공덕이 될 것입니다. 화려한 건물보다 굶주린 사람의 한 그릇 밥이 더 소중합니다."

상인이 당황해하자 겐신은 계속해서 말했습니다.

"극락정토의 아미타부처님은 화려한 궁전에 계시지만, 그 아름다움의 진정한 의미는 모든 중생의 고통을 덜어주시는 자비에 있습니다. 우리도 그 자비를 실천할 때 진정한 극락을 만들 수 있습니다."

결국 그 시주금은 기근에 시달리는 농민들과 병자들을 돕는 데 사용되었습니다. 이 일은 교토 전체에 큰 감동을 주었고, 많은 사람들이 겐신 스님의 가르침에 더욱 깊이 공감하게 되었습니다.

겐신은 귀족들의 초청을 정중히 거절하고 히에이잔에 머

물며 수행과 저술에 전념했습니다. 그는 『왕생요집』 외에도 『이십오삼매식二十五三昧式』, 『극락육시찬極樂六時讚』 등 많은 저작을 남겼습니다. 특히 겐신이 조직한 "이십오삼매결사二十五三昧結社"는 일본 정토불교사에 큰 의미를 갖습니다. 이는 25명의 동료들과 함께 정기적으로 모여 염불삼매를 수행하는 모임이었습니다. 신분이나 출신에 관계없이 오직 정토신앙으로 하나된 이 모임은 후에 일본 정토불교 교단의 모태가 되었습니다.

어느 날 젊은 스님이 겐신에게 물었습니다.

"스님, 정토신앙과 천태교학은 어떤 관계에 있습니까? 서로 모순되는 것은 아닙니까?"

겐신은 생각에 잠긴 후 대답했습니다.

"법화경에서 말하는 '일승'과 정토경전에서 말하는 '왕생'은 다른 것이 아닙니다. 모든 중생이 부처가 될 수 있다는 법화경의 가르침이 정토신앙을 통해 구체적으로 실현되는 것입니다. 극락정토는 모든 중생이 부처가 되기 위한 최적의 환경이지요."

"그럼 정토신앙도 사이초 스님의 일승사상과 같은 것입니까?"

"그렇습니다. 다만 접근 방법이 다를 뿐입니다. 사이초 스님께서는 법화경을 통해 직접적으로 가르치셨다면, 정토신앙은 아미타부처님의 자비를 통해 같은 목표에 도달하는 것입니다. 길은 달라도 목적지는 같습니다."

겐신의 이런 융합적 사고는 일본 천태종이 정토신앙을 자연스럽게 받아들이는 토대가 되었습니다.

1017년, 칠십오 세의 겐신이 입적을 앞두고 제자들에게 마지막 가르침을 남겼습니다.

"극락은 멀리 있지 않습니다. 바로 여러분의 마음속에 있습니다. 자비로운 마음을 가질 때마다 극락을 체험하는 것이고, 아미타부처님을 염할 때마다 부처님과 하나가 되는 것입니다."

"스승님, 저희가 명심해야 할 가장 중요한 것은 무엇입니까?"

"일심一心입니다. 진실한 한마음으로 아미타부처님을 믿고, 한마음으로 중생을 자비로이 여기십시오. 그러면 어디에 있든 그곳이 바로 극락입니다."

겐신이 남긴 『왕생요집』은 일본을 넘어 중국에까지 전해져 큰 반향을 일으켰습니다. 중국의 정토교 학자들도 이 책을 높이 평가하며 연구했습니다. 또한 이 책은 후에 호넨, 신란 등 가마쿠라 시대 정토불교 조사들의 사상적 바탕이 되었습니다. 겐신 스님의 가장 큰 공헌은 정토신앙을 단순한 내세 신앙에서 현실적 수행법으로 전환시킨 것입니다. 극락정토를 죽어서 가는 곳이 아니라 지금 여기서 체험할 수 있는 마음의 상태로 이해하게 함으로써, 정토신앙을 살아는 종교로 만들었습니다.

오늘날에도 겐신의 "극락은 마음속에 있다"는 가르침은 큰 의미를 갖습니다. 외부 환경에 의존하지 않고 내면의 평안을 찾는 것, 자비로운 마음으로 살아가는 것이야말로 진정한 행복의 길이라는 그의 메시지는 현대인들에게도 여전히 유효한 지혜입니다.

히에이산 연력사의 저녁 종소리가 울려 퍼질 때마다, 천 년 전 겐신이 품었던 자비로운 마음이 오늘도 많은 이들의 가슴에 전해지고 있습니다. "극락은 바로 여기, 우리 마음속에 있다"는 그의 깨달음과 함께.

악인이야말로 구원받을 자격이 있다 –신란(親鸞)

"나는 평생 한 번도 부처님을 위해 염불한 적이 없습니다.
모든 염불은 부처님이 나를 위해 해주신 것입니다."

가마쿠라 시대 어느 봄날, 히에이산(比叡山)을 떠나는 한 스님의 발걸음이 무거웠습니다. 이십 년간 정진했던 수행의 세월을 뒤로하고, 스물아홉 살의 신란(親鸞, 1173~1263)은 낯선 세상으로 향하고 있었습니다.

신란은 후지와라 가문의 혈통을 이어받은 귀족 출신이었습니다. 아홉 살에 아버지를 여의고 히에이산 연력사延曆寺로 출가한 그는 일찍이 뛰어난 재능으로 스승들의 찬사를 받으며 성장했습니다. 당시 연력사는 일본불교의 중심지였고, 최고 수준의 불교교학과 수행이 이루어지는 곳이었습니다.

하지만 이십 년간의 치열한 수행에도 불구하고 신란의 마음에는 평안이 찾아오지 않았습니다. 천태교학의 복잡한 이론들을 마스터하고, 엄격한 계율을 지키며 수행했지만 오히려 자신의 죄업만 더욱 깊이 느끼게 되었습니다. 아무리 정진해도 번뇌는 끊어지지 않았고, 이기심과 욕망은 사라지지 않았습니다.

"나는 도저히 성불할 수 없는 악인입니다."

절망에 빠진 신란은 고민 끝에 산을 내려가기로 결심합니다. 1201년, 그는 산에서 내려가 교토 육각당六角堂에서 백일 기도를 드리며 자신의 앞길을 부처님께 맡겼습니다. 간절한 마음으로 기도를 행하던 95일째 새벽, 꿈속에서 일본에 불교를 정착시킨 성덕태자聖德太子의 계시를 받게 됩니다.

"호넨(法然) 스님을 찾아가거라."

신란은 그길로 요시미즈(吉水)의 호넨 스님을 찾아갔습니다. 호넨 스님은 당시 기존 불교계에 큰 파문을 일으키고 있던 혁신적인 스님이었습니다. 복잡한 교학이나 엄격한 수행 대신 오직 "나무아미타불" 염불만으로도 구원받을 수 있다고 가르치고 있었습니다.

"스승님, 저 같은 악인도 구원받을 수 있습니까?"

호넨의 답변은 신란의 인생을 완전히 바꾸어 놓았습니다.

"선인도 왕생하거늘 하물며 악인이야. 아미타부처님의 본원은 선악을 가리지 않습니다. 나무아미타불, 그 한마디면 충분합니다."

이 만남 이후 신란은 호넨의 제자가 되어 염불 신앙의 길을 걷기 시작했습니다. 하지만 그의 선택은 더욱 파격적이었습니다. 1205년, 신란은 스승의 허락을 받고 결혼을 결심했습니다. 승려의 파계는 당시로서는 상상할 수 없는 일이었습니다.

"나는 처음부터 완전한 승려가 될 수 없었습니다. 그렇다면 솔직하게 살겠습니다."

신란은 에신니와 결혼하여 가정을 이루었습니다. 이는 단순한 파계가 아니라 자신의 한계를 인정하고 진실한 삶을 살고자 하는 나름의 종교적 결단이었습니다. 염불정진으로 수행을 이어가던 중 1207년, 조정에서 호넨과 그 제자들에 대한 탄압이 시작되었습니다. 이는 단순한 종교적 갈등이 아니라 복합적인 정치적, 사회적 배경이 얽힌 사건이었습니다.

당시 일본 불교계는 연력사延曆寺와 나라(奈良)의 동복사東

福寺를 중심으로 한 기존 종파들이 강력한 세력을 형성하고 있었습니다. 이들은 오랜 세월 동안 조정과 밀접한 관계를 유지하며 막대한 영향력을 행사해 왔습니다. 복잡한 교학 체계와 엄격한 수행 전통을 바탕으로 한 이들의 권위는 절대적이었습니다.

그런데 호넨의 염불 신앙은 이런 기존 질서에 정면으로 도전하는 것이었습니다. "나무아미타불"만 염하면 누구나 구원받을 수 있다는 가르침은 복잡한 교학 공부나 오랜 수행이 필요 없다는 뜻이었기 때문입니다. 이는 기존 불교계의 권위와 존재 이유 자체를 부정하는 것으로 받아들여졌습니다.

더욱이 호넨과 신란의 가르침은 신분제 사회의 근간을 흔들 위험성도 있었습니다. 귀족이든 농민이든, 학식이 있든 없든 관계없이 모든 사람이 평등하게 구원받을 수 있다는 메시지는 당시 엄격한 계급사회에서는 위험한 사상으로 여겨졌습니다.

결정적인 계기는 궁중에서 일어난 사건이었습니다. 호넨의 제자들이 궁녀들에게 설법하다가 궁녀들 일부가 궁에서 나가 출가해 버리는 사건이 발생했고, 이에 격노한 천황은 강력한 탄압을 시작했습니다. 기존 불교계의 압력과 정치적 이유로 염불 교단에 해산 명령이 내려진 것입니다. 호넨은 시코쿠로,

신란은 에치고로 유배를 떠나야 했습니다. 스승인 호넨 앞에 꿇어앉은 신란의 눈에는 눈물이 고여 있었습니다.

"스승님, 정말 이대로 헤어져야 합니까?"

호넨은 제자의 어깨에 손을 올리며 조용히 말했습니다.

"신란아, 이것도 부처님의 뜻이다. 우리가 함께 있을 때보다 흩어져 있을 때 염불의 씨앗이 더 널리 퍼질 것이다."

"하지만 스승님 없이는…"

"염불하는 마음만 있다면 우리는 언제나 함께 있는 것이니라. 나는 시코쿠로, 너는 에치고로 가게 되었지만, 나무아미타불을 염할 때마다 우리는 같은 곳에 있는 것이다."

스승은 신란의 손에 작은 염주를 쥐어 주었습니다.

"이것을 가지고 가거라. 그리고 기억하거라. 아미타부처님의 자비는 거리로 막히지도, 시간으로 끊어지지도 않는다는 것을."

"스승님…"

"가거라. 그리고 그곳에서 만나는 사람들에게 전해주거라. 악인이야말로 아미타부처님의 첫 번째 구원 대상이라는 것을."

신란은 깊이 절을 올렸습니다. 일어서서 뒤돌아보니 호넨 스님이 여전히 자비로운 미소를 짓고 있었습니다. 그것이 스승의 마지막 모습이었습니다.

에치고에서의 유배 생활은 신란에게 새로운 깨달음의 기회가 되었습니다. 농민들과 함께 생활하면서 그들의 현실적 고통을 직접 체험할 수 있었습니다. 글자도 모르고 복잡한 교리를 이해할 수도 없는 농민들이지만, 그들의 소박한 신앙심에서 오히려 진정한 불심을 발견했습니다.

"스님, 저희같이 무지한 사람도 극락에 갈 수 있을까요?"

"그런 마음이야말로 진실합니다. 자신을 죄인이라 아는 마음에서 참 신앙이 시작됩니다."

유배가 풀린 후 신란은 관동 지방으로 향했습니다. 그곳에서 이십여 년간 농민들과 함께 농사를 지으며 생활하면서 본격적인 대중 포교에 나섰습니다. 그의 가르침은 기존 불교와는 완전히 달랐습니다.

관동에서의 어느 날, 한 농부가 신란을 찾아와 깊은 고뇌를 털어놓았습니다.

"스님, 저는 매일 들에서 일하다 보니 벌레들을 수없이 죽이게 됩니다. 또 농사를 위해 새들을 쫓아내기도 하고요. 이렇게 생명을 해치는 제가 어떻게 극락에 갈 수 있겠습니까?"

농부의 진솔한 고백에 신란은 잠시 생각에 잠겼습니다. 그리고 천천히 입을 열었습니다.

"당신이 농사를 짓지 않으면 사람들이 굶어 죽을 것입니다. 당신은 자신만을 위해 생명을 해치는 것이 아니라 많은 사람들을 살리기 위해 어쩔 수 없이 그런 일을 하는 것입니다."

"하지만 그래도 죄는 죄 아닙니까?"

"그렇습니다. 우리는 살아가는 것 자체가 죄를 짓는 것입니다. 숨을 쉬어도, 걸어 다녀도, 무엇을 해도 죄가 됩니다. 그런 우리를 구원하시려고 아미타부처님이 계신 것입니다."

농부의 눈에 눈물이 글썽였습니다.

"당신의 그 괴로워하는 마음이야말로 진실한 신앙심입니다. 자신이 죄인임을 아는 사람을 아미타부처님은 가장 먼저 구원하십니다. 나무아미타불을 염하며 감사한 마음으로 농사를 지으십시오."

이 일화는 삽시간에 관동 지방 농민들 사이로 퍼져 나갔습니다. 일상의 노동과 삶 자체가 죄가 될 수밖에 없는 현실에서도 구원받을 수 있다는 메시지는 그들에게 큰 위안과 희망이 되었습니다.

무엇보다 신란의 가장 혁신적인 가르침은 '악인정기설惡人

正機說'이었습니다. "선인도 왕생하거늘 하물며 악인을 어찌 의심하리오." 이는 기존 불교 상식을 완전히 뒤엎는 파격적인 주장이었습니다. 전통적인 불교에서는 선업을 쌓고 악업을 피해야 구원받을 수 있다고 가르쳤습니다. 하지만 신란은 정반대로 생각했습니다. 자신을 선인이라 여기는 사람은 교만하여 부처님의 자비를 제대로 받아들이기 어렵지만, 자신이 악인임을 절실히 깨닫는 사람이야말로 아미타부처님의 본원에 가장 적합한 대상이라는 것이었습니다.

"악인"은 단순히 나쁜 행동을 하는 사람만을 의미하지 않았습니다. 신란에게 악인이란 자신의 힘으로는 도저히 구원받을 수 없는 무력한 존재, 즉 모든 범부凡夫를 뜻했습니다. 아무리 노력해도 번뇌를 끊을 수 없고, 완전한 선행을 할 수 없는 것이 인간의 본질이라는 것입니다.

반면 "선인"은 자력으로 수행하여 공덕을 쌓을 수 있다고 믿는 사람들을 가리켰습니다. 이들은 자신의 노력으로 구원받을 수 있다고 생각하기 때문에 오히려 아미타부처님의 절대적 자비에 온전히 의지하지 못한다는 것이 신란의 생각이었습니다.

"의사는 건강한 사람을 위해 있는 것이 아니라 병든 사람을 위해 있는 것입니다. 아미타부처님의 본원도 마찬가지입니다. 자신이 구원받을 자격이 없는 죄인임을 아는 사람을 먼저 구원하시는 것입니다."

신란은 또한 '타력 신앙'을 강조했습니다. 인간은 스스로의 힘으로는 절대 구원받을 수 없으며, 오직 아미타부처님의 타력에 의해서만 구원받을 수 있다고 가르쳤습니다. 염불도 구원의 조건이 아니라 이미 구원해주신 부처님에 대한 감사의 표현이라고 설명했습니다.

이런 가르침은 당시 사회에 큰 파장을 일으켰습니다. 복잡한 교학을 공부할 필요도 없고, 엄격한 수행을 할 필요도 없으며, 심지어 악인이라도 구원받을 수 있다는 메시지는 민중들에게 큰 희망을 주었습니다. 특히 농민, 수공업자, 하급 무사들 사이에서 신란의 가르침이 빠르게 퍼져 나갔습니다.

신란의 포교 방식도 혁신적이었습니다. 거창한 의식이나 화려한 법회 대신, 일상 속에서 사람들과 함께 생활하며 자연스럽게 가르침을 전했습니다. 결혼한 승려로서 가정생활의 어려움도 함께 나누었고, 농사일도 함께 했습니다.

"나는 승려도 아니고 속인도 아닙니다. 그저 염불하는 사람일 뿐입니다."

이런 솔직하고 겸손한 자세가 오히려 사람들의 마음을 더욱 깊이 움직였습니다.

관동에서의 포교를 마치고 교토로 돌아온 신란은 평생의 가르침을 체계적으로 정리하기 시작했습니다. 팔십 대의 고령에도 불구하고 『교행신증教行信証』이라는 방대한 저작을 완성했습니다.

『교행신증』은 신란 사상의 집대성이자 정토진종의 근본 경전이 되었습니다. '교教'는 부처님의 가르침인 경전, '행行'은 염불 수행, '신信'은 아미타부처님에 대한 믿음, '증証'은 깨달음을 의미합니다. 이 네 가지가 하나로 통합될 때 진정한 구원이 이루어진다는 것이 신란의 핵심 사상이었습니다. 특히 이 책에서 신란은 자신의 악인정기설과 타력신앙을 인도와 중국의 정토교 조사들의 가르침과 연결하여 체계적으로 논증했습니다. 단순한 개인적 체험이 아니라 불교 전체 역사 속에서 자신의 사상적 위치를 명확히 한 것입니다.

1263년, 구십 세의 신란이 임종을 앞두고 제자들에게 마지막 말을 남겼습니다.

"나는 평생 한 번도 부처님을 위해 염불한 적이 없습니다. 모든 염불은 부처님이 나를 위해 해주신 것입니다. 자력을 버리고 타력에 맡기십시오."

신란은 조용히 눈을 감으며 마지막 염불을 올렸습니다.

"나무아미타불……"

신란이 남긴 가장 큰 유산은 '인간적인 종교'였습니다. 완벽하지 못한 평범한 사람이야말로 부처님의 자비를 가장 필요로 한다는 그의 가르침은 일본 불교사에 큰 전환점을 만들었습니다. 결혼한 승려, 자녀를 둔 종교인이라는 파격적 삶은 후대 일본 불교 승려들의 결혼 허용으로 이어졌습니다.

신란이 창시한 정토진종은 오늘날 일본에서 가장 큰 불교 종단이 되었습니다. 전국에 2만여 개의 사찰과 1천만 명이 넘는 신도를 거느린 일본 최대의 불교 종파로 자리잡았습니다. 완벽하지 못한 평범한 사람들을 위한 종교라는 그의 메시지가 얼마나 많은 이들의 마음을 울렸는지를 보여주는 증거입니다.

700여 년이 지난 지금도 전국 곳곳의 정토진종 사찰에서는 신란의 가르침이 울려 퍼지고 있습니다. "있는 그대로도 충분하다"는 그의 따뜻한 메시지가 오늘도 수많은 사람들에게 희망과 위안을 전하고 있는 것입니다.

제 3 장

경계 밖에서 피어난 구도의 불꽃

— 특별한 인연으로 불문에 든 이들

구름처럼 자유롭게, 바람처럼 거침없이
- 잇큐(一休)

"부처도 중생도 따로 없고, 정토도 예토도 따로 없습니다.
모든 것이 하나입니다."

무로마치 시대, 벚꽃이 만발한 교토의 어느 다리 위에서 한 젊은 승려가 홀로 서 있었습니다. 까마귀 떼가 석양을 배경으로 날아가는 모습을 바라보던 그의 눈에 문득 눈물이 고였습니다. 스물한 살의 잇큐, 일휴(一休, 1394~1481)는 바로 그 순간 깨달음의 문턱에 서 있었습니다.

"아, 그렇구나. 이 까마귀들과 나는 다르지 않구나."

그는 조용히 중얼거렸습니다. 까마귀들이 자유롭게 하늘을 나는 것처럼, 자신의 마음도 어떤 틀에도 얽매이지 않는 자유로움이 있다는 것을 깨달은 순간이었습니다.

잇큐는 고마쓰 천황의 아들로 태어났지만, 궁중의 권력 다툼을 피해 어린 나이에 안코쿠지(安國寺)로 보내져 출가하게 되었습니다. 황자에서 하루아침에 승려가 된 그의 마음에는 깊은 상처가 자리하고 있었지요. 하지만 이 아픔이 훗날 그를 더욱 자유롭고 깊이 있는 선승으로 만드는 밑거름이 되었습니다.

열다섯 살 때 교토의 겐닌지(建仁寺)에서 공부하던 잇큐는 이미 남다른 재능을 보였습니다. 어느 날 스승이 제자들에게 물었습니다.

"부처란 무엇인가?"

다른 제자들이 경전의 구절들을 인용하며 어려운 이론을 늘어놓을 때, 잇큐는 단순히 대답했습니다.

"배고플 때 밥 먹고, 졸릴 때 잠자는 것입니다."

스승은 그의 답에 깊이 감탄했습니다. 어린 나이에 이미 그는 복잡한 이론보다는 일상의 소중함을 깨닫고 있었던 것입니다.

스물한 살이 되던 해, 잇큐 스님은 운명적인 만남을 갖게 됩니다. 묘신지(妙心寺)에서 카소오 소돈(華叟宗曇)이라는 스승님을 만난 것이지요. 그는 세속적인 명예나 권력에 전혀 관심이 없는, 진정한 선승이었습니다.

"너는 무엇을 구하러 왔느냐?"

스승의 첫 질문에 잇큐는 정직하게 답했습니다.

"저는 아무것도 구하지 않습니다. 다만 이 마음의 괴로움에서 벗어나고 싶을 뿐입니다."

"그 괴로움이 바로 너의 스승이다."

그것은 고통을 피하려 하지 말고 그것과 함께 살아가는 법을 배우라는 뜻이었습니다.

그날 밤부터 잇큐는 스승 밑에서 혹독한 수행을 시작했습니다. 하루에 몇 시간씩 좌선을 하고, 새벽부터 밤늦게까지 일상의 모든 순간을 수행으로 받아들였습니다.

그로부터 몇 년이 흘렀습니다. 어느 여름 밤, 잇큐는 호숫가에서 홀로 좌선을 하고 있었습니다. 달빛이 호수 위에 은빛 길을 만들고, 물새들이 가끔 물결을 일으키며 지나갔습니다. 그때 갑자기 호수 위를 까마귀 한 마리가 큰 소리로 울며 날아갔습니다. 그 순간 마음에 번개 같은 깨달음이 번쩍였습니다.

"아하! 저 까마귀 울음소리도
내 울음소리도 모두 같은
법성法性의 울림이로구나!"

그는 벌떡 일어나 스승에게 달려갔습니다. 스승 카소오는 제자의 빛나는 눈빛을 보더니 조용히 미소를 지었습니다.

"이제 알겠느냐?"

"네, 깨달았습니다. 부처도 중생도 따로 없고, 정토도 예토도 따로 없습니다. 모든 것이 하나입니다."

스승은 마침내 제자에게 '일휴一休'라는 법명을 주었습니다. '한 번 쉬어간다'는 뜻이었지요. 모든 것에 얽매이지 말고 자유롭게 살아가라는 의미였습니다.

깨달음을 얻은 후 잇큐의 삶은 더욱 자유로워졌습니다. 그는 전통적인 승려의 틀이나 관습을 벗어나 자신만의 길을 걸었습니다. 때로는 술집에서 술을 마시고, 때로는 유곽에서 밤을 지내기도 했습니다. 이를 본 다른 승려들이 비난하자 잇큐는 이렇게 말했습니다.

"부처는 절에만 있는 것이 아닙니다. 술집에도, 유곽에도, 시장바닥에도 계십니다. 나는 다만 그 부처를 찾아다닐 뿐입니다."

어느 날 한 고관이 잇큐에게 물었습니다.

"그대는 계율을 어기면서도 어떻게 선승이라 할 수 있습니까?"

잇큐는 웃으며 대답했습니다.

"계율은 사람을 위해 있는 것이지, 사람이 계율을 위해 있는 것이 아닙니다. 진정한 계율은 마음에 있는 것입니다."

또한 잇큐 선사는 뛰어난 시인이기도 했습니다. 그의 시에는 삶의 애환과 깨달음이 절묘하게 어우러져 있었습니다.

어느 봄날, 교토의 한 찻집에서 잇큐는 이런 시를 지었습니다.

꽃은 말이 없고 새는 울어도 설법이라
산은 높아도 교만하지 않고 물은 낮아도 비굴하지 않네
花無言鳥說法 山不驕水不卑

그의 시 한 수 한 수는 사람들의 마음을 깊이 울렸습니다. 복잡한 이론 대신 일상의 소중함을, 거창한 가르침 대신 마음의 진실을 노래했기 때문이지요.

그의 자유자재한 모습을 드러낸 또 다른 시 한 수는 미친 구름, 광운狂雲이라는 시입니다.

광운자는 풍류객이어서
술과 여색, 시와 글에 즐거움이 넘친다
만법이 모두 공하니 무엇을 얻을 것인가
꿈속에서 꿈을 말하는 것이 또 어떠한가
狂雲子是風流客 酒色詩書樂有餘
萬法皆空何所得 夢中說夢復何如

잇큐는 세속의 권력에도 굴복하지 않았습니다. 어느 날 쇼군이 잇큐를 불러 큰 절의 주지로 임명하려 했습니다. 많은 승려들이 부러워할 자리였지만, 잇큐는 단호히 거절했습니다.

"저는 구름입니다. 구름을 어느 한 곳에 묶어둘 수는 없습니다."

쇼군이 화를 내며 다시 한 번 명령하자, 그는 이렇게 말했습니다.

"부처님께서는 모든 중생이 평등하다고 하셨습니다. 권력으로 부처님의 가르침을 좌지우지하려 하시는 것입니까?"

결국 쇼군도 잇큐의 뜻을 꺾을 수 없었습니다.

잇큐의 수행법은 매우 독특했습니다. 그는 제자들에게 이런 숙제를 내주곤 했습니다.

"오늘 하루, 어떠한 거짓말도 하지 말고 지내보아라."

제자들이 돌아와서 "불가능했습니다"라고 답하면, 잇큐는 웃으며 말했습니다.

"그렇다. 그것을 깨달았다면 이미 큰 수행을 한 것이다. 우리는 모두 불완전한 존재임을 인정하는 것이 진정한 겸손이다."

또 어떤 때는 제자들을 시장으로 데려가 이렇게 말했습니다.

"여기서 가장 아름다운 것을 찾아보아라."

제자들이 꽃이나 보석을 가리키면, 잇큐는 고개를 저었습니다. 그리고 구석에서 쓰레기를 치우고 있는 늙은 청소부를 가리켰습니다.

"저분이 가장 아름다운 분이다. 남을 위해 묵묵히 봉사하는 마음만큼 아름다운 것이 어디 있겠느냐?"

잇큐가 팔십이 넘어 병상에 누워 있을 때였습니다. 제자들이 임종을 앞둔 스승에게 마지막 가르침을 청했습니다.

"스승님, 마지막으로 한말씀 해주십시오."

잇큐는 힘겹게 일어나 붓을 들어 이렇게 썼습니다.

"죽고 싶지 않다."

제자들이 당황해하자, 잇큐는 미소를 지으며 설명했습니다.

"이것이 가장 솔직한 마음이다. 죽음을 두려워하지 않는다고 허세를 부리지 마라. 두려우면 두렵다고, 슬프면 슬프다고 솔직하게 말하라. 그것이 진정한 선禪이다."

그리고 조용히 덧붙였습니다.

"하지만 죽음도 결국 하나의 현상일 뿐이다. 구름이 모양을 바꾸는 것처럼, 나도 다른 형태로 존재할 뿐이다."

일휴는 1481년, 팔십팔 세의 나이로 세상을 떠났습니다. 임종 직전 그는 제자들에게 이렇게 말했습니다.

"내가 죽으면 화려한 장례식은 하지 마라. 그저 조용히 흙으로 돌려보내라. 나는 구름이었고, 바람이었으니, 자연으로 돌아가는 것이 마땅하다."

그의 마지막 시는 이러했습니다.

구름 되어 바람 따라 흘러가니
어디가 고향이고 어디가 타향인가

꽃 피고 지는 것도 한바탕 놀음
웃으며 왔다가 웃으며 가노라
雲隨風去無定處 何處故鄕何處他
花開花落一場戱 笑來笑去任天涯

잇큐 선사가 우리에게 남긴 가장 큰 가르침은 '자유로운 정신'입니다. 그는 어떤 틀에도 얽매이지 않고 자신만의 길을 걸었습니다. 때로는 세상의 비난을 받기도 했지만, 자신의 신념을 굽히지 않았습니다.

현대를 살아가는 우리에게 잇큐의 가르침은 여전히 유효합니다. 남의 시선을 의식하느라 자신의 진심을 숨기고 살아가는 우리들에게, 그는 이렇게 말하고 있는 것 같습니다.

"솔직하게 살아라. 완벽하려 하지 마라. 사랑할 때는 온 마음으로 사랑하고, 슬플 때는 마음껏 울어라. 그것이 바로 부처의 삶이다."

지금도 교토의 어느 거리를 걸으면, 자유롭게 구름처럼 떠다니는 잇큐 선사의 웃음소리가 들려오는 것 같습니다. 그 웃음소리는 우리에게 묻고 있습니다.

"당신은 오늘 얼마나 자유롭게 살았나요?"

선사의 자유로운 영혼은 오늘도 우리에게 걸림 없이 사는 무애無碍의 길을 보여주고 있습니다.

아이 같은 순수함이 달빛보다 밝았다
– 료칸(良寬)

"무엇을 남길까, 무엇을 전할까. 뒤에 남겨둘 것이라고는 자연스러운 이 마음뿐이다"

에치고 땅의 작은 산골 마을에서 아이들의 웃음소리가 메아리쳤습니다. 그 가운데 한 승려가 아이들과 함께 숨바꼭질을 하고 있었습니다. 해가 저물도록 나무 뒤에 숨어 있던 그는 아이들이 모두 집으로 돌아간 줄도 모르고 밤새 그 자리를 지키고 있었다고 합니다. 이 순진무구한 승려가 바로 료칸, 양관(良寬, 1758~1831) 선사였습니다.

료칸은 '좋은 관대함'이라는 뜻의 이름처럼, 세상에서 가장 자유롭고 순수한 영혼의 소유자였습니다. 그는 사찰의 주지도, 제자도 두지 않았습니다. 오직 자연과 더불어 살며, 시와 서예와 선禪을 하나로 여기는 삶을 살았습니다. 그의 일생은 그 자체로 하나의 시였고, 그의 시는 살아 있는 선이었습니다.

료칸은 에치고국(越後國, 현재의 니가타현) 이즈모자키의 나누시(名主) 집안에서 태어났습니다. 본명은 야마모토 에이조(山本栄蔵)였지요. 어려서부터 총명했던 그는 한학을 배우며 시와 서예에 뛰어난 재능을 보였습니다. 하지만 열여덟 살이 되던 해, 갑작스럽게 출가의 길을 택했습니다.

그를 출가로 이끈 것은 인간 존재의 덧없음에 대한 깊은 성찰이었습니다. 번영하는 가문의 장남으로서 기대받던 삶이 오히려 그에게는 무거운 짐으로 느껴졌던 것입니다. 그는 가업을 동생에게 맡기고 조동종曹洞宗의 고쿠센(国仙)스님을 스승으로 삼아 출가했습니다.

출가 후 료칸은 엄격한 수행의 길에 들어섰습니다. 아침 일찍 일어나 좌선을 하고, 경전을 읽고, 작무(作務; '몸을 움직여 일하는 수행'을 의미하는 개념으로, 일상적인 노동과 육체적 작업인 청소, 요리, 농사 등을 수행의 일환으로 여기는 것을 말한다)에 정진했습니다. 하지만 그의 마음에는 여전히 의문이 남아 있었습니다. 과연 이런 형식적인 수행이 진정한 깨달음으로 이어질 수 있을까 하는 것이었지요.

스물두 살이 되던 해, 료칸은 스승을 따라 비치쿠(備中, 현재의 오카야마현) 엔츠지(円通寺)로 갔습니다. 그곳에서 그는 혹독한 선 수행을 이어가게 됩니다. 하지만 스승은 료칸에게 특별한 가르침을 주지 않았습니다. 오히려 그를 철저히 무시하는 듯했습니다.

어느 날 밤, 료칸은 혼자 숲길을 걷고 있었습니다. 그때 갑자기 구름이 달을 가렸다가 다시 드러나는 순간을 보았습니다. 그 찰나에 무언가가 번개처럼 그의 마음을 관통했습니다. 달은 여전히 그 자리에 있었고, 구름은 그저 지나갔을 뿐이었습니다.

"아, 그렇구나. 본래면목은 가려지는 것이 아니구나."

그는 조용히 중얼거렸습니다. 마음의 괴로움도, 번뇌도 모두 지나가는 구름과 같다는 것을 깨달은 순간이었습니다. 근본적으로 마음은 맑고 고요한 달과 같아서, 구름이 와도 더러워지지 않는다는 진리를 체득한 것입니다.

이듬해 봄, 스승 고쿠센이 세상을 떠났습니다. 료칸은 깊은 슬픔에 잠겼지만, 동시에 자신이 이제 홀로 서야 한다는 것을 깨달았습니다. 스승의 장례를 치른 후, 그는 절을 떠나 방랑의 길에 올랐습니다.

십여 년간의 방랑 수행을 마친 료칸은 마흔 살이 되던 해 고향 에치고로 돌아왔습니다. 그리고 이요사산(弥彦山) 중턱에 있는 작은 암자 고합암(五合庵)에 거처를 정했습니다. 고합암은 쌀 다섯 홉들이 주발을 엎어놓은 것 같다고 해서 붙여진 이름으로, 너무 작아서 누우면 발이 밖으로 나올 정도였습니다.

이곳에서 료칸의 진정한 삶이 시작되었습니다. 그는 매일 아침 탁발을 나가 하루 먹을 것만 얻으면 만족했습니다. 오후에는 아이들과 놀거나 시를 짓고 글을 썼습니다. 저녁에는 달빛 아래 홀로 앉아 자연과 더불어 시간을 보냈습니다.

어느 날 마을 사람들이 궁금해서 물었습니다.

"스님은 하루 종일 무엇을 하시나요?"

료칸은 웃으며 답했습니다.

"봄에는 꽃을 보고, 여름에는 나무 그늘에서 쉬고, 가을에는 단풍을 감상하고, 겨울에는 눈을 바라봅니다. 그게 제 일입니다."

사람들은 그런 것이 어떻게 일이 될 수 있느냐고 반문했습니다. 그러자 료칸은 이렇게 말했습니다.

"자연의 변화를 마음으로 느끼고, 그 속에서 부처님의 진리를 발견하는 것. 이보다 더 중요한 일이 어디 있겠습니까?"

료칸이 가장 좋아한 것은 아이들과 노는 일이었습니다. 아이들에게 그는 그저 '료칸 할아버지'였습니다. 아이들은 그를 찾아와 함께 놀며 숨바꼭질을 하고, 딱지치기를 했습니다. 료칸은 그 어떤 일보다도 이런 시간을 소중히 여겼습니다.

어른들이 걱정스러운 마음으로 말했습니다.

"스님께서 아이들과만 노시면 위신이 서지 않습니다."

료칸은 환하게 웃으며 답했습니다.

"아이들의 순수한 마음보다 더 소중한 위신이 어디 있겠습니까? 저들의 맑은 마음을 보면 제 마음도 맑아집니다. 이것이야말로 최고의 수행입니다."

한번은 아이들과 숨바꼭질을 하던 중 료칸이 헛간 뒤에 숨었는데, 아이들이 찾지 못하고 모두 집으로 돌아가 버렸습니다. 하지만 료칸은 밤새 그 자리에서 기다렸고, 다음 날 아침 아이들이 와서 "찾았다!"라고 외치자 비로소 나왔다고 합니다. 이 이야기는 료칸의 순진무구한 성품을 보여주는 대표적인 일화입니다.

료칸의 관대함을 보여주는 유명한 일화가 있습니다. 어느 날 밤 암자에 도둑이 들었습니다. 하지만 가난한 승려의 암자에는 훔칠 것이 아무것도 없었습니다. 도둑이 허탈해하며 돌아서려는 순간, 료칸이 말했습니다.

"먼 길을 와서 빈손으로 돌아가면 안 되지요."

그리고는 자신이 입고 있던 옷을 벗어 주었습니다. 도둑은 당황하며 옷을 받아들고 사라졌습니다. 료칸은 벗은 몸으로 창가에 앉아 달을 바라보며 이런 시를 지었습니다.

"도둑에게 옷을 주었더니, 창가에 달빛만 남아 있구나.(盜人に取り残されし窓の月)"

이 시는 료칸의 초탈한 마음과 자연을 사랑하는 심성을 잘 보여줍니다. 그에게는 소유라는 개념 자체가 없었습니다. 모든 것이 자연의 은혜이자 부처님의 자비였기 때문입니다.

료칸은 뛰어난 시인이기도 했습니다. 그의 시는 화려한 수사나 깊은 철학을 과시하지 않습니다. 그저 일상의 소소한 순간들을 담담하게 노래할 뿐입니다. 하지만 그 소박함 속에 깊은 선의 경지가 담겨 있습니다.

"새벽에 일어나 물을 길으러 가니, 양동이에 달이 떠 있네. 조심조심 옮기다가 그만 달을 엎질렀구나.(朝汲み水に宿れる月影を心して運びて つひにこぼしけり)"

이 시에서 료칸은 물에 비친 달을 진짜 달인 양 소중히 여기는 순진한 마음을 드러냅니다. 하지만 동시에 모든 현상이 실체가 없는 허상임을 은유적으로 표현하고 있습니다.

"해는 저물고 길은 아득한데, 산중에서 하루 또 하루. 낙엽이 쌓인 길을 홀로 걸으니, 오는 이도 가는 이도 없구나.(日暮れて 道遠し山中にて一日また一日落葉踏み分け独り行けば来る人も行く人もなし)"

고독한 산중 생활을 노래한 이 시에는 외로움이 아니라 오히려 평온함이 깃들어 있습니다. 료칸에게 고독은 고통이 아니라 자유였습니다.

료칸은 서예에도 뛰어난 재능을 보였습니다. 그의 글씨는 기교를 부리지 않는 자연스러운 필치로 유명했습니다. 마치 바람이 불어 나뭇잎이 흔들리는 것처럼 자유로우면서도 균형이 잡혀 있었습니다. 많은 사람들이 료칸에게 글씨를 부탁했지만, 그는 대가를 받지 않았습니다. 대신 마음에 내키면 써주고, 그렇지 않으면 정중히 거절했습니다. 그에게 서예는 상품이 아니라 마음을 전하는 수단이었습니다.

"글씨도 마음이 담겨야 살아 있는 글씨가 됩니다. 기교만으로는 사람의 마음을 움직일 수 없습니다."

이것이 료칸의 서예관이었습니다.

료칸은 만년까지도 변함없이 자연과 더불어 소박한 삶을 이어갔습니다. 그의 마음은 계절의 변화처럼 자연스럽고 평온했습니다.

"내 마음은 가을 달, 푸른 연못에 고요히 비치네(わが心 秋の月かげ青き池に静かに映り)"라는 시에서 보듯, 료칸의 마음은 맑은 호수에 비친 달처럼 고요하고 투명했습니다.

료칸은 74세의 나이로 생을 마감했습니다. 임종을 앞두고 그를 따르고 존경했던 사람들이 마지막 가르침을 청하자, 그는 이렇게 말했습니다.

"무엇을 남길까, 무엇을 전할까. 뒤에 남겨둘 것이라고는 자연스러운 이 마음뿐이다.(何を残さん 何を伝えん後に残すは 自然の心のみ)"

그의 일생이 담긴 이 한 마디는 지금도 우리에게 진정한 자유가 무엇인지를 일깨워 줍니다. 료칸은 번뇌를 억누르거나 피하려 하지 않았습니다. 그것마저 자연의 일부로 받아들이며 춤추듯 살아갔습니다. 또한 그는 "번뇌가 있어야 보리(깨달음)가 있다"는 진리를 몸소 보여주었습니다. 번뇌를 적대시하지 않고 함께 살아가면서, 그 속에서도 평온을 찾을 수 있음을 증명했습니다.

료칸은 자신의 삶을 이렇게 노래했습니다.

"내가 죽으면 무엇을 남길까? 봄에는 꽃, 여름에는 뜰 앞의 푸른 잎, 가을에는 단풍, 겨울에는 눈.(死なば何を残さん春には花 夏には青葉秋には紅葉 冬には雪)"

료칸 선사의 삶은 진정한 자유가 무엇인지를 보여주는 살아 있는 교과서였습니다. 그는 깨달음을 얻기 위해 치열하게 수행하기보다는, 이미 깨달아 있는 자신의 본래 마음을 잃지 않으려 노력한 사람이었습니다. 그의 삶은 번뇌와 보리가 둘이 아니며, 수행과 일상이 하나임을 보여주는 증명이었습니다. 오늘날 복잡하고 각박한 세상을 사는 우리에게, 료칸의 순수하고 자연스러운 마음은 여전히 맑은 종소리처럼 울려옵니다.

료칸의 시처럼, 그는 아무것도 소유하지 않으면서 모든 것을 가졌고, 아무것도 가르치려 하지 않으면서 가장 깊은 가르침을 전했습니다. 지금도 에치고의 산중 어디선가 료칸의 웃음소리가 들려오는 것 같습니다. 아이들과 함께 뛰놀며, 자연과 하나되어 자유롭게 살아가는 그 모습이 우리에게 묻고 있습니다.

"오늘 밤 당신의 가슴속에는 얼마나 많은 달이 떠 있습니까?"

칼을 내리고 자비를 들어 올리다 – 쇼산(正三)

"번뇌를 피하지 말고 정면으로 마주하라.
일상의 삶 자체가 수행의 도량이다."

한 방울의 먹물이 잔잔한 물 위에 떨어지면, 먹빛은 천천히 퍼져 나가 물 전체를 물들입니다. 에도 시대 초기, 일본의 어둠 속에 한 선사의 가르침이 그렇게 번져 나갔으니, 그 이름은 스즈키 쇼산(鈴木正三, 1579~1655)이었습니다.

전쟁터에 나가 칼을 들어 적을 베던 손으로 염주를 쥐고, 진격을 외치던 입술이 부처의 말씀을 읊게 되기까지, 쇼산의 삶은 시대의 큰 물결 속에서 거친 바람을 맞으며 흔들렸던 한 그루 소나무와 같았습니다.

미카와국의 무사 가문에서 태어난 시게미츠(重光)는 어린 시절부터 뛰어난 검술 실력으로 주목받았습니다. 세키가하라 전투에서 이에야스의 가신으로 활약했던 그는 칼끝에서 생사를 가르는 사무라이의 삶을 살았습니다. 죽고 죽이는 살육의 전장터에서 그의 칼날은 조금도 흔들림이 없었습니다.

그러나 전쟁이 끝나고 평화가 찾아오자, 그의 마음은 깊은 어둠 속에 잠겼습니다. 밤마다 꿈속에서 그가 베었던 이들의 얼굴이 찾아왔습니다. 그들의 원한 서린 눈빛이 그를 바라보았습니다.

"이 모든 죽음이 무엇을 위함이었는가? 명예인가, 주군에 대한 충성인가, 아니면 단지 살아남기 위함인가?"

달빛 아래 홀로 정원을 거닐던 어느 밤, 한 노승이 그의 앞에 나타났습니다. 허름한 승복 차림의 그 노승은 마치 쇼산의 마음을 들여다보기라도 한 듯 조용히 말했습니다.

"마음이 편치 않구나. 많은 이를 죽이고도 한 명도 살리지 못했으니."

그 노승과 나눈 대화는 쇼산의 영혼을 뒤흔들었습니다. 노승은 이튿날 아침 흔적도 없이 사라졌지만, 그의 말은 쇼산의 가슴에 불씨로 남았습니다. 그 불씨는 서서히 타올라 그의 존재 전체를 태우기 시작했습니다.

쇼산은 불경을 읽기 시작했습니다. 법화경에서 "일체중생이 모두 불성을 지녔다"는 가르침에 그는 충격을 받았습니다. 자신이 죽인 이들도, 자신을 죽이려 했던 이들도, 모두 부처가 될 수 있는 씨앗을 품고 있었던 것입니다.

마침내 겐나 7년(1621), 쇼산은 43세의 나이에 무사의 길을 버리고 출가를 결심했습니다.

주군 히데타다는 그의 결정을 이해하지 못했습니다.

"내가 가장 신뢰하는 무사가 어찌 중이 되어 떠나겠다고 하느냐?"

쇼산은 고개를 숙이며 대답했습니다.

"지금까지는 주군의 칼이었지만, 이제는 부처님의 칼이 되어 중생의 번뇌를 베고자 합니다."

출가한 쇼산은 전통적인 선 수행법에 만족하지 않았습니다. 그는 무사 시절의 강인함과 생과 사를 직면하는 정신을 불교 수행에 접목시켰습니다. 그가 창안한 '니오젠(仁王禪)'은 강인하고 적극적인 선풍으로 생과 사를 직시하는 무사의 정신을 담은 수행법이었습니다.

“번뇌를 피하지 말고 정면으로 마주하라. 일상의 삶 자체가 수행의 도량이니라.”

쇼산의 가르침은 산속 절에만 국한되지 않았습니다. 그는 민중 속으로 들어가 각자의 삶의 자리에서 불도를 실천할 것을 가르쳤습니다.

“농부는 밭을 갈고 씨를 뿌리는 것이 불행佛行이요, 상인은 정직하게 장사하는 것이 보살행이며, 장인은 정성껏 물건을 만드는 것이 염불이니라.”

이러한 가르침은 경안 5년(1652)에 저술된 『만민덕용萬民德用』이라는 책으로 정리되었습니다. 이 책은 무사, 농민, 장인, 상인이라는 사농공상士農工商 사회의 각 계층이 어떻게 자신의 직업을 통해 불교적 깨달음을 실천할 수 있는지를 상세히 설명했습니다. 쇼산은 이를 통해 모든 직업에 동등한 종교적 가치와 의미를 부여했습니다.

특히 주목할 점은 장인들에게 전한 가르침입니다. 그는 물건을 만드는 행위 자체가 곧 불도의 실천이라고 보았습니다.

“재료와 도구를 대할 때는 부처를 대하듯 하라. 한 땀 한 땀 꿰매고, 한 칼 한 칼 깎아내는 그 모든 과정에 온 마음을 쏟아부어라. 그것이 바로 불심이니라.”

쇼산은 직업의식에 종교적 차원을 더함으로써, 장인들에게 무한한 완성을 향한 끊임없는 노력의 정신적 기반을 제공했습니다. 이것이 훗날 일본 특유의 장인정신, 즉 '모노즈쿠리(ものづくり)'의 철학적 토대가 되었습니다. 장인이 만드는 물건은 단순한 상품이 아니라 영혼을 담은 예술품이라는 인식, 그리고 일에 대한 무한한 헌신과 끊임없는 자기 수련의 정신은 쇼산의 가르침에서 비롯되었습니다.

메이지 시대 이후 일본의 근대화 과정에서도 이러한 정신은 계승되었습니다. 시부사와 에이이치(渋沢栄一)와 같은 근대 일본의 산업 지도자들은 쇼산의 '직업 수행론'에 큰 영향을 받아 '도덕경제道徳経済'의 개념을 발전시켰습니다. 이는 단순한 이윤 추구가 아니라 사회에 공헌하는 정신을 강조하는 기업가 정신의 기초가 되었습니다.

쇼산의 『만민덕용』은 또한 직업윤리의 측면에서도 중요한 의미를 갖습니다. 그는 정직, 성실, 근면, 검소와 같은 가치를 종교적 덕목으로 높였으며, 이것이 에도 시대 상공인들의 행동 규범을 형성하는 데 크게 기여했습니다. 이러한 직업윤리는 현대 일본의 기업 문화에도 여전히 그 영향력이 남아 있습니다.

어느 날, 한 여인이 쇼산을 찾아왔습니다.

"스님, 여자 몸으로는 성불할 수 없다고 하던데, 정말입니까?"

쇼산은 단호하게 대답했습니다.

"그런 말은 모두 허망한 소리다. 마음이 청정하면 남녀노소 누구나 부처가 될 수 있느니라. 부처님의 자비는 모든 이에게 평등하게 비추느니라."

그의 이러한 열린 가르침은 신분제 사회에서 소외된 이들에게 큰 희망을 주었습니다.

세월이 흘러 쇼산의 명성은 전국에 퍼졌습니다. 많은 무사들이 그에게 배움을 청했고, 농민, 상인, 장인들도 그의 가르침에 귀를 기울였습니다. 그들은 모두 자신의 삶 속에서 불도를 실천하는 법을 배웠습니다.

메이레키 원년(1655), 77세의 쇼산은 임종을 앞두고 제자들에게 마지막 가르침을 남겼습니다.

"내가 떠난다고 슬퍼하지 마라. 내 육신은 가지만, 가르침은 너희들 마음속에 영원히 남아 있으리라. 매 순간 깨어 있는 마음으로 자신의 직분을 다하라. 그것이 진정한 불도니라."

쇼산이 세상을 떠난 후에도, 그의 가르침은 마치 물결처럼 끊임없이 확산되어 많은 이들의 삶을 변화시켰습니다. 일본 불교사에서 그는 단순한 승려가 아닌, 대중의 삶 속에 불교를 뿌리내리게 한 위대한 개혁자로 기억됩니다.

그의 생애는 한 사람이 어떻게 완전히 변화할 수 있는지를 보여주는 감동적인 증거입니다. 칼을 든 손이 염주를 쥐고, 죽음을 가져왔던 목소리가 생명의 말씀을 전하게 된 놀라운 변화. 그것은 인간 내면의 무한한 가능성을 일깨우는 등불이 되었습니다.

칼을 버리고 불심을 품어라.
일상이 곧 수행이니,
산사山寺는 네 마음속에 있다.

스즈키 쇼산의 이 가르침은, 오늘을 사는 우리에게도 여전히 깊은 울림을 줍니다.

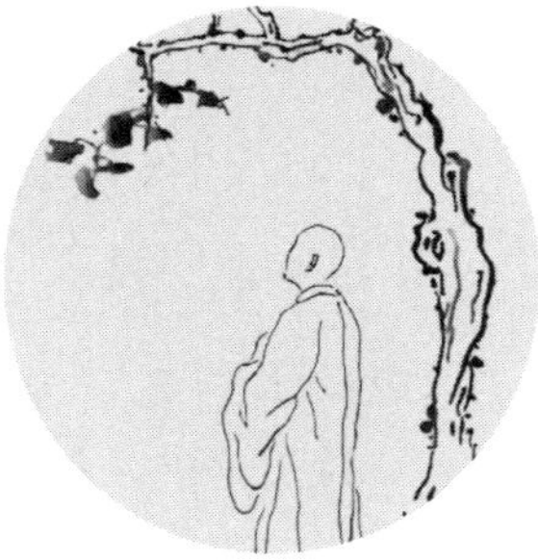

일본스님이 된 조선의 왕자
-니치엔(日延)

"고향을 떠나도, 신분을 잃어도,
진정한 자아는 잃을 수 없다."

1598년 어느 가을날, 교토 혼코쿠지(本國寺)의 스님들은 믿기 어려운 소식에 술렁였습니다.

"조선의 왕자가 우리 절에 왔다고?"

정유재란 때 포로로 끌려온 조선의 어린 왕자가 절에 맡겨졌다는 것이었습니다.

아홉 살의 어린 소년이 절 마당에 서 있었습니다. 남루한 옷차림이었지만 그 눈빛만은 범상치 않았습니다. 그 아이가 바로 훗날 니치엔, 일연(日延, 1589~1665)이라 불리게 될 조선의 왕자였습니다.

1597년 정유재란이 재개되었을 때, 피난길에서 일본군에게 붙잡혀 포로가 되어 일본으로 끌려오게 된 것이었습니다.

"아버지… 어머니…"

어린 왕자는 매일 밤 부모를 부르며 눈물을 흘렸습니다. 편안했던 궁궐의 생활, 따뜻했던 가족의 품이 모두 꿈처럼 사라져버렸습니다. 전란의 아픔으로 그는 적국의 땅에서 홀로 살아가야 하는 척박한 운명이었습니다.

혼코쿠지의 주지 니치코(日康) 스님은 이 어린 왕자를 보며 깊은 연민을 느꼈습니다.

"전쟁이 만든 비극이로구나. 이 아이에게 무슨 죄가 있단 말인가."

니치코 스님은 소년을 자신의 제자로 받아들이기로 결심했습니다. 하지만 그것은 쉬운 일이 아니었습니다. 조선의 왕자가 일본의 승려가 된다는 것은 양국 모두에게 민감한 문제였기 때문입니다.

"스승님, 저는 조선으로 돌아가고 싶어요."

어린 소년이 눈물을 글썽이며 말했을 때, 니치코 스님은 안타까운 표정을 지었습니다.

"아이야, 지금은 전쟁 중이다. 돌아갈 길이 막혀 있단다. 이곳에서 부처님의 가르침을 배우며 기다려보자."

"부처님이 저를 고향으로 돌려보내 주실까요?"

"부처님께서는 고통받는 모든 중생을 사랑하신다. 너의 슬픔도 분명히 알고 계실 것이다."

니치코 스님의 따뜻한 말에 소년의 마음이 조금씩 열리기 시작했습니다. 절망적인 현실을 받아들이고, 새로운 삶을 시작해야 한다는 것을 어렴풋이 깨달았던 것입니다.

그 소년은 일본어를 배우기 시작했습니다. 처음에는 낯선 언어가 입에 붙지 않았지만, 점차 능숙해져 갔습니다. 이미 한자를 배워 알고 있던 덕분에 불경을 읽는 데는 큰 어려움이 없었습니다.

"조선의 불교와 일본의 불교가 다른가요?"

소년이 물었을 때, 니치코 스님은 미소를 지으며 대답했습니다.

"부처님의 가르침은 하나다. 다만 그것을 받아들이는 방식이 조금씩 다를 뿐이지."

법화경을 중심으로 수행하는 일련종日蓮宗의 가르침을 배워 가면서, 그 소년은 점차 새로운 정체성을 형성해 갔습니다. 열두 살이 되던 해, 그는 정식으로 출가하여 '니치엔(日延)'이라는 법명을 받았습니다.

삭발식을 마친 후, 니치엔은 거울 속의 자신을 바라보았습니다. 머리카락이 모두 사라진 자신의 모습이 낯설었습니다. 마치 과거의 모든 것이 머리카락과 함께 떨어져 나간 것 같았습니다.하지만 마음 깊은 곳에서는 여전히 고국에 대한 그리움이 꺼지지 않았습니다. 특히 어머니에 대한 그리움은 날이 갈수록 깊어만 갔습니다.

'어머니께서는 지금 무엇을 하고 계실까.… 나를 찾고 계실까.…'

밤마다 홀로 앉아 조선 하늘을 바라보며 눈물짓는 니치엔의 모습을 본 니치코 스님은 마음이 아팠습니다.

"니치엔아, 그리움도 하나의 번뇌다. 그 번뇌를 부처님께 맡기고 지금 이 순간에 충실해야 한다."

"하지만 스승님, 어머니를 잊을 수가 없습니다."

"잊으라는 것이 아니다. 그 사랑을 더 큰 사랑으로 승화시키는 것이다. 네 어머니에 대한 사랑을 모든 중생에 대한 자비로 확장하는 것, 그것이 진정한 수행이다."

니치엔은 스승의 가르침을 마음에 새기며 수행에 정진했습니다. 교학에 뛰어난 재능을 보인 그는 빠르게 불교교리를 익혔고, 일련종의 핵심 교리인 법화경에 특히 깊은 이해를 보였습니다.

스무 살이 되었을 때, 드디어 고국에서 소식이 전해졌습니다. 조선에서 사신단이 와서 포로들을 찾고 있다는 것이었습니다.

"니치엔, 드디어 고향으로 돌아갈 기회가 생겼다."

니치코 스님의 말에 니치엔의 마음은 복잡했습니다. 그토록 그리던 고향으로 돌아갈 수 있다는 기쁨과 동시에, 이미 일본에서 11년을 살며 형성된 자신의 정체성에 대한 혼란이 밀려왔습니다.

"스승님, 저는… 저는 누구입니까?"

"그것은 네가 스스로 결정해야 할 일이다. 조선의 왕자로 돌아갈 것인가, 아니면 일본의 승려로 남을 것인가."

며칠 밤을 고민한 끝에, 니치엔은 놀라운 결정을 내렸습니다.

"저는 이곳에 남겠습니다."

"왜 그런 결정을 내렸느냐?"

"제가 조선으로 돌아간다 해도, 이미 저는 왕자가 아닙니다. 11년 동안 일본에서 살며 부처님의 제자가 되었습니다. 오히려 이곳에서 부처님의 가르침을 펼치는 것이 제 사명인 것 같습니다."

니치엔의 결정은 주변 사람들을 놀라게 했습니다. 하지만 그의 눈빛에서 흔들림 없는 의지를 본 니치코 스님은 그의 선택을 존중했습니다.

그 후 니치엔은 더욱 치열하게 수행에 임했습니다. 법화경을 수천 번 독송하며, 법화경의 핵심 교리를 체득해 갔습니다. 그의 설법은 특별한 감동을 주었는데, 그것은 깊은 고통을 겪은 자만이 할 수 있는 진심어린 법문이었기 때문입니다.

"고통은 우리의 적이 아닙니다. 고통이야말로 부처님께로 이끄는 스승입니다."

니치엔의 법문을 듣는 사람들은 모두 깊은 감명을 받았습니다. 어린 나이에 가족과 고향을 잃고도 절망하지 않고 부처의 길을 걸어가는 그의 모습에서 진정한 구도자의 면모를 보았기 때문입니다.

39세에는 고미나토(小湊)의 탄조지(誕生寺) 제18대 주지가 되었으며, 아와(安房)의 류센지(龍潜寺), 에도의 엔신지(円真

寺)·가쿠린지(覚林寺) 등을 창립했습니다. 그의 덕망과 학식이 널리 알려져 많은 사람들이 그의 가르침을 구하러 왔습니다.

어느 날, 한 신도가 물었습니다.

"스님께서는 고향에 대한 그리움이 없으십니까?"

니치엔은 잠시 하늘을 바라보더니 조용히 대답했습니다.

"그리움은 여전히 있습니다. 하지만 이제 그 그리움이 원망이 아닌 감사가 되었습니다. 그 아픔이 있었기에 부처님의 자비를 더 깊이 이해할 수 있게 되었으니까요."

"그럼 스님께서는 조선인입니까, 일본인입니까?"

"저는 부처님의 제자입니다. 국경도, 민족도 중요하지 않습니다. 고통받는 중생을 구제하는 것이 제 사명입니다."

니치엔의 명성이 높아지면서, 그의 출신에 대한 소문도 퍼져 나갔습니다. 조선의 왕자 출신이라는 사실이 알려지자, 사람들은 더욱 그를 존경하게 되었습니다. 중년에 이른 니치엔은 여러 편의 불교 저술을 남겼습니다. 특히 법화경에 대한 그의 해석은 독창적이면서도 깊이가 있어 일련종 내에서 높이 평가받았습니다.

"법화경은 모든 중생이 부처가 될 수 있다고 가르칩니다. 출신이나 신분, 심지어 죄업까지도 부처님 앞에서는 문제가 되지 않습니다."

이런 그의 가르침은 당시 신분제 사회에서 혁신적인 것이었습니다. 특히 자신처럼 어려운 처지에 있는 사람들에게 큰 희망을 주었습니다. 말년에 니치엔은 제자들에게 자신의 과거를 솔직하게 털어놓았습니다.

"나는 조선의 왕자로 태어났지만, 전쟁으로 인해 이 땅에 오게 되었다. 처음에는 원망도 하고 절망도 했다. 하지만 이제는 그 모든 것이 부처님의 뜻이었다고 생각한다."

"스승님께서는 후회하지 않으십니까?"

한 제자가 조심스럽게 물었습니다.

"후회보다는 감사한 마음이 크다. 만약 조선에서 왕자로 계속 살았다면, 이런 깊은 깨달음을 얻을 수 있었을까? 고통이 나를 진정한 자유로 이끌어주었다."

1665년, 니치엔은 일흔여섯의 나이에 그가 창건했던 묘안사妙安寺에서 입적했습니다. 임종을 앞두고 그는 마지막 유언을 남겼습니다.

"나는 조선의 왕자로 태어나 일본의 승려로 죽는다. 하지만 진정한 나는 부처님의 제자였을 뿐이다. 여러분도 어떤 신분으로 태어났든, 무엇보다 부처님의 자녀임을 잊지 말기 바란다."

니치엔의 입적 소식이 전해지자, 그를 따르던 많은 신도들이 슬퍼했습니다. 나아가 조선과 일본 양쪽 모두에서 많은 사람들이 애도를 표했습니다. 니치엔 스님이 수행했던 교토 히가시야마의 본국사에는 아직도 그의 향기가 남아 있는 듯합니다. 조선의 왕자에서 일본의 고승이 된 그의 이야기는 국경을 초월하는 인간의 보편적 가치를 보여줍니다.

니치엔 스님의 삶은 우리에게 무엇을 말해줄까요? 운명의 거센 파도에 휩쓸려도 굴복하지 않고, 오히려 그 시련을 성장의 밑거름으로 삼는 인간의 위대함을 보여줍니다. 그는 조선과 일본이라는 국경을 넘어, 진정한 인간의 길이 무엇인지를 몸소 실천한 위대한 구도자였습니다.

오늘날 우리가 살아가는 이 시대에도 니치엔 스님과 같은 시련을 겪는 사람들이 있습니다. 전쟁과 분단, 이주와 난민의 문제는 여전히 현재진행형입니다. 니치엔의 이야기는 그런 이들에게 깊은 위로와 희망을 전해줍니다.

"고향을 떠나도, 신분을 잃어도, 진정한 자아는 잃을 수 없다"는 그의 메시지가 오늘도 우리에게 울려옵니다.

육안肉眼을 잃고 혜안慧眼에 눈뜨다 –간진(鑑眞)

"원력이 있는 곳에는 반드시 길이 있다."

당나라 천보天寶 연간, 양저우(揚州)의 대명사大明寺에는 온 중국에서 가장 존경받는 율사가 계셨습니다. 55세의 간진(鑑眞, 688~763) 스님이 수많은 제자들을 거느리고 계율을 가르치며, 절을 짓고 불상을 조성하는 일에 힘쓰고 있었습니다. 스님은 이미 4만 명 이상에게 계를 준 남산율종의 계승자였습니다.

어느 날 대명사에 한 행상이 찾아왔습니다. 가난한 차림의 그는 간진 스님 앞에 무릎을 꿇고 울먹였습니다.

"스님, 저희 어머니가 중병에 걸려 누워 계십니다. 약값이 없어서…"

간진 스님은 말없이 일어나 자신의 방으로 들어가셨습니다. 잠시 후 나오신 스님의 손에는 값비싼 불상 하나가 들려 있었습니다.

"이것을 팔아서 어머니께 약을 사드리십시오."

"스님, 이런 귀한 것을 어떻게…"

"부처님께서는 중생을 구하기 위해 이 세상에 오셨습니다. 이 불상도 마찬가지로 어머니를 구하는 데 쓰여야 합니다."

세간의 명망이 높은 대율사大律師였으되 이처럼 따뜻한 마음으로 이웃을 살피던 분이 간진 스님이었습니다.

742년, 스님에게 뜻밖의 방문자들이 찾아왔습니다.

"저희는 바다 건너 일본에서 온 영예榮叡와 보조普照입니다. 부디 일본에 오셔서 부처님의 정법과 계율을 전해주십시오."

먼 일본 땅에서 목숨 걸고 바다를 건너온 수행자들의 간절한 부탁이었습니다. 당시 일본 나라(良奈)에는 사도승(私度僧, 정식 절차 없이 스스로 출가를 선언한 승려)이 많아 성무천황이 정식 전계사傳戒師제도를 확립하고자 덕망과 학식이 높은 스님을 모시고자 하였습니다. 간진 스님은 제자들에게 일본행을 원하는 이가 있는지 물었지만, 위험을 무릅쓰고 바다를 건너려는 이는 없었습니다. 그러자 스님이 직접 나섰습니다.

"그렇다면 내가 가겠다. 정법을 구하는 마음 앞에서 어찌 바다가 장벽이 되겠는가?"

스님의 결심을 듣고 결국 21명의 제자들이 함께 따르기로 했습니다. 그러나 그 당시 바다를 건너 일본으로 향하는 길은 결코 쉽지 않았습니다. 743년부터 10년간 여섯 번의 도일 시도를 했지만 번번이 실패했습니다. 때로는 제자들의 밀고로, 때로는 거센 폭풍우로, 때로는 관리들의 제지로 가는 길이 막혔습니다.

첫 번째 도일 실패 후 낙담한 제자들에게 간진 스님은 이렇게 말했습니다.

"바다가 우리를 막는 것이 아니다. 우리의 간절한 마음가짐이 부족한 것이다. 진정한 자비심이 있다면 바다도 길을 열어줄 것이다."

두 번째 실패 때는 폭풍우 속에서 배가 부서져 모든 이들이 공포에 떨었습니다. 그러나 간진 스님만은 태연하게 염불을 외우고 있었습니다.

"스승님, 끝이 보이지 않는 바다를 건너는 일이 두렵지 않으십니까?"

"무엇이 무섭겠느냐? 죽음도 또 하나의 여행일 뿐이다. 다만 아직 일본 중생들에게 전해야 할 법이 있으니, 부처님께서 우리를 지켜주실 것이다."

실제로 그들은 기적적으로 육지에 도달할 수 있었습니다. 가장 큰 시련은 다섯 번째 시도에서 찾아왔습니다. 748년 격심한 폭풍우를 만나 14일간 표류한 끝에 멀리 남쪽 해남도에 표착했습니다. 그곳에서 1년을 머무는 동안 동반해 오던 일본 승려 영예가 세상을 떠났고, 남방의 기후와 극심한 피로로 인해 간진 스님은 두 눈의 시력을 완전히 잃게 되었습니다. 제자들은 크게 슬퍼했습니다.

"스승님, 이제 일본행을 포기하십시오. 앞이 보이지 않으신데 어떻게 험한 바다를 건너려고 하십니까?"

하지만 간진 스님은 오히려 환한 미소를 지으며 말했습니다.

"육안을 잃었으니 법안이 더욱 밝아졌다. 부처님께서 나에게 더 큰 지혜의 눈을 열어주신 것 아니겠느냐."

753년, 마침내 기회가 왔습니다. 일본에서 온 견당사선遣

唐使船을 타고 함께 일본으로 갈 수 있게 된 것입니다. 65세의 간진 스님은 앞이 보이지 않는 몸으로 제자들과 함께 배에 올랐습니다.

"스승님, 정말 괜찮으십니까?"

"이미 마음으로는 일본 땅을 보고 있다. 그곳에서 정법을 기다리는 중생들의 모습이 눈에 선하다."

이번에는 하늘도 그들의 원력에 감동했는지 순조로운 항해가 이어졌습니다. 753년 11월에 출항한 배는 파란만장한 여정을 거쳐 12월 20일 드디어 일본 땅 가고시마의 아키메(秋目)에 도착했습니다.

753년 12월 26일 다자이후에 도착한 간진 스님은 다자이후 관세음사에 인접한 계단원에서 첫 수계를 행했습니다. 754년 2월 4일 나라에 도착한 스님은 쇼무 상황(聖武上皇)의 환대를 받았습니다. 그리고 고겐 천황(孝謙天皇)의 칙령으로 계단 설립과 수계에 대해 전면적으로 일임받아 동대사에 머물게 되었습니다.

처음 일본 황실에서 간진 스님을 친견할 때의 일입니다. 쇼무 상황이 스님의 눈이 보이지 않는다는 사실을 알고 측은하게 여기며 말했습니다.

"대사께서는 우리나라를 위해 너무 큰 희생을 치르셨습니다."

간진 스님은 말했습니다.

"폐하, 저는 아무것도 잃지 않았습니다. 오히려 더 소중한 것을 얻었습니다. 일본 중생들을 위해 법을 전할 수 있는 기회를 말입니다."

4월, 간진 스님은 동대사 대불전에 계단을 축조하고 상황부터 승니까지 400명에게 보살계를 주었습니다. 이것이 일본 등단수계의 시초가 되었습니다. 계를 받는 의식에서 감동적인 장면이 연출되었습니다. 간진 스님은 앞이 보이지 않아서 한 사람 한 사람 손을 잡고 그들의 마음을 느끼며 계를 주었습니다. 어떤 이는 떨리는 손으로, 어떤 이는 뜨거운 눈물을 흘리며 스님의 손을 잡았습니다.

한 젊은 승려가 손을 떨며 다가왔습니다. 간진 스님은 그의 손을 잡고 잠시 침묵하더니 말했습니다.

"두려워하지 마라. 계는 족쇄가 아니라 자유를 주는 것이다. 진정한 자유는 욕망에서 벗어날 때 얻을 수 있다."

또 다른 때는 나이 든 비구니가 계를 받으러 왔습니다. 그 비구니스님은 오랫동안 혼자 수행해 왔지만 정식 계를 받지 못해 늘 마음에 한이 있었습니다.

"스님, 저 같은 늙은이도 계를 지니고 부처님의 참된 제자가 될 수 있을까요?"

간진 스님은 비구니스님의 손을 따뜻하게 감싸며 말했습니다.

"나이는 중요하지 않습니다. 중요한 것은 도를 구하는 마음입니다. 당신의 마음에서 수십 년간 닦아온 정성이 느껴집니다."

그 후 상설 동대사 계단원이 건립되었고, 그 후에는 일본 동서에서 등단수계가 가능하도록 다자이후 관세음사와 시모쓰케국 약사사에 계단이 설치되어 계율 제도가 급속히 정비되었습니다. 758년, 준인천황의 칙령으로 대화상에 임명되고, 행정업무에 얽매이는 노고에서 해방되고자 승강(僧綱, 승려들을 관리하는 관직)의 임무가 해제되어 자유롭게 계율을 전할 수 있는 배려가 이루어졌습니다.

759년, 니타베 친왕의 구 저택터를 하사받아 당초제사唐招提寺를 창건하고 계단을 설치했습니다. '당나라에서 온 스승을 모신 절'이라는 뜻의 이 절은 간진 스님만을 위해 마련된 특별한 도량이었습니다.

당초제사 건립 과정에서도 간진 스님의 인자함이 드러났습니다. 공사 중에 한 목수가 실수로 기둥을 잘못 깎아 몹시 당황해했습니다.

"스님, 죄송합니다. 제가 실수를…"

간진 스님은 그 목수의 어깨를 토닥이며 말했습니다.

"괜찮습니다. 완벽하지 않은 것이 오히려 사람답지 않습니까? 부처님께서도 중생의 불완전함을 사랑하셨습니다."

이곳에서 간진 스님은 일본 율종의 전통을 확고히 확립했습니다. 계율의 정신과 실천 방법을 체계적으로 정리하고 제자들을 양성하여, 일본불교에서 율종이 독립된 종파로 자리잡는 토대를 마련했습니다. 오늘날까지 이어지는 일본 율종의 법맥이 바로 이 당초제사에서 시작된 것입니다.

어느 날 한 제자가 스님께 물었습니다.

"스승님, 계율을 지키는 것이 왜 그리 중요합니까?"

간진 스님은 미소를 지으며 답했습니다.

"정원에 울타리가 있어야 꽃이 아름답게 필 수 있는 것과 같다. 계율은 우리 마음의 정원을 가꾸는 울타리와 같은 것이다."

간진 스님은 계율 외에도 조각이나 약초에 대한 조예가 깊어 일본에 이러한 지식도 전해주었습니다. 또한 비전원(悲田

院, 가난하고 병든 사람들을 구제하기 위한 자선 시설)을 만들어 빈민 구제에도 적극적으로 임했습니다. 비전원에서는 매일 감동적인 장면들이 연출되었습니다. 어느 추운 겨울날, 거지꼴의 한 노인이 찾아왔습니다. 다른 사람들이 피하려 하자 간진 스님이 직접 그의 손을 잡고 안으로 모셨습니다.

"스님, 저는 더럽습니다.…"

"무엇이 더럽다는 말입니까? 부처님 앞에서는 모든 중생이 평등합니다."

간진 스님은 직접 그 노인을 목욕시켜 주고 따뜻한 옷을 입혀 주었습니다. 곁에서 지켜보던 제자들도 깊이 감동했습니다.

말년에 간진 스님의 몸은 많이 쇠약해졌지만, 마음만은 여전히 불타오르고 있었습니다. 제자들이 쉬시라고 권해도 매일 법당에 나가 계를 설하고 사람들을 만났습니다.

입적을 앞두고 간진 스님은 제자들에게 마지막 말을 남겼습니다.

"계율이란 무엇인가? 그것은 강물과 같다. 깨끗한 물에서도 흐르고 더러운 물에서도 흐르지만, 흐르는 물 자체는 언제나 맑다. 계를 지키는 사람의 마음도 그와 같아야 한다."

또한 이렇게 말했습니다.

"내가 여섯 번 바다를 건너려 했던 것은 단순히 일본에 오기 위해서가 아니었다. 매번의 실패를 통해 집착을 버리고, 실명을 통해 진정한 지혜를 얻기 위해서였다. 모든 시련은 부처님의 자비로운 가르침이었다."

임종이 가까워오자 제자들이 모두 모여들었습니다. 간진 스님은 한 사람 한 사람의 손을 잡고 마지막 인사를 나누었습니다.

"슬퍼하지 마라. 나는 가는 것이 아니라 더 넓은 세계로 떠나는 것이다. 언제든 당초제사에 와서 나를 부르면 목소리를 들을 수 있을 것이다."

763년, 간진 스님은 76세의 나이로 당초제사唐招提寺에서 입적하였습니다. 임종 순간까지 스님의 얼굴에는 평안한 미소가 떠나지 않았다고 합니다. 죽음을 애석해한 제자 닌키(忍基)가 간진의 조각상(건칠 채색, 마포를 옷으로 바르고 합쳐서 골격을 만드는 수법, 양손 끝은 목조)을 만들어 현재까지 당초제사에 전해지고 있으며, 일본 최고最古의 초상조각으로 여겨지고 있습니다(국보 도쇼다이지 간진상).

이 조각상을 만들 때도 감동적인 일화가 있습니다. 닌키는 스승의 모습을 정확히 재현하기 위해 밤낮으로 고민했습니다. 그런데 어느 날 꿈에 간진 스님이 나타나 말씀하셨다고 합니다.

"내 겉모습을 흉내 내려 하지 말고, 중생을 향한 자비의 마음을 조각하라."

그 후 닌키가 만든 조각상은 단순히 간진 스님의 외형을 닮은 것이 아니라, 그분의 깊은 자비심까지 담아낸 걸작이 되었습니다. 또한 779년, 오미노 미후네에 의해 간진의 전기 『당대화상동정전唐大和上東征傳』이 기록되어 간진의 업적을 아는 귀중한 사료가 되고 있습니다.

간진 스님이 일본에 전해준 것은 계율만이 아니었습니다. 어떤 시련이 와도 굽히지 않는 원력의 힘, 실패를 통해 더욱 성숙해지는 지혜, 그리고 모든 중생을 향한 무한한 자비였습니다.

전법의 길을 나섰던 여섯 번의 시도와 실명이라는 희생을 통해 간진 스님이 우리에게 전해준 가장 소중한 가르침은 바로 이것입니다.

"원력이 있는 곳에는 반드시 길이 있다."

지금도 나라의 당초제사唐招提寺 경내에서는 간진 스님의 염원이 천 년의 세월을 넘어 울려 퍼지고 있습니다. 그곳을 찾는 사람들은 여전히 스님의 따뜻한 미소와 자비로운 가르침을 느낄 수 있다고 합니다.

어떤 이는 말합니다. '간진 스님은 육신의 눈을 잃었지만, 그 대신 중생의 마음을 보는 더 밝은 눈을 얻으셨다'고. 그 눈으로 보신 것은 바로 우리 모두에게 있는 부처의 마음이었습니다.

제 4 장

불법으로 세상을 바꾸다

— 시대를 열어간 불교의 개척자들

왕자에서 성인으로, 전설이 된 불교의 아버지 – 쇼토쿠 태자(聖德太子)

"관음보살이 중생을 구제하듯이, 나는 이 나라의 모든 백성이 괴로움에서 벗어나기를 바란다."

아스카 시대, 새벽을 여는 바람이 야마토 땅을 스쳐 지나가던 그때, 한 왕자의 탄생이 일본 역사의 흐름을 완전히 바꾸어 놓았습니다. 574년 요메이 천황의 둘째 아들로 태어난 우마야도노미코(厩戸皇子), 훗날 쇼토쿠 태자(聖德太子, 574~622)라 불리게 될 그 아이는 어려서부터 범상치 않은 모습을 보였습니다.

그의 어머니 아나호베노하시히토 황후가 만삭의 몸으로 궁중을 돌아보다가 마구간 앞에서 해산했다 하여 '마구간 왕자'라는 별명을 얻었지만, 사람들은 곧 그를 다른 이름으로 부르기 시작했습니다. 바로 '도요토미미(豊聡耳)', 즉 '풍부하고 총명한 귀'라는 뜻이었습니다.

전설에 따르면 태자는 태어나자마자 말을 했고, 손바닥을 펼치자 사리가 들어 있었다고 합니다. 또한 열 사람의 말을 동시에 들을 수 있는 총명함을 지녔다고 전해집니다. 하지만 무엇보다 놀라운 것은 어린 시절부터 보인 그의 불교에 대한 깊은 이해와 자비로운 마음이었습니다.

추고 천황 3년(595년), 고구려에서 혜자慧慈 스님이, 백제에서 혜총慧聰 스님이 건너왔습니다. 태자는 혜자 스님을 불교의 스승으로 모시고 깊이 있는 가르침을 받았습니다.

"모든 중생에게는 부처의 성품이 있다. 신분의 높고 낮음이 무슨 소용인가?"

어린 태자의 이런 말을 들은 조정 신하들은 놀라움을 감추지 못했습니다. 신분제가 엄격했던 당시로서는 혁명적인 사상이었기 때문입니다.

스무 살이 되자 태자는 고모인 스이코 천황의 섭정이 되었습니다. 당시 일본은 불교를 받아들일 것인가를 두고 조정이 두 파로 나뉘어 치열하게 대립하고 있었습니다. 한편에는 소가노 우마코를 중심으로 한 숭불파가, 다른 한편에는 모노노베노 모리야를 중심으로 한 배불파가 서로 맞서고 있었습니다. 이 대립은 단순한 종교 논쟁을 넘어서 권력 투쟁의 성격을 띠고 있었습니다.

587년, 정미의 난이 일어났을 때, 태자는 숭불파 편에 서서 직접 전투에 참여했습니다. 전설에 따르면 태자는 전투 전에 사천왕상을 조각하고 "만약 이 전쟁에서 승리하면 사천왕을 위한 절을 짓겠다"고 서원했다고 합니다. 결국 숭불파가 승리했고, 태자는 약속대로 시텐노지(四天王寺)를 건립했습니다. 이 승리는 단순히 한 전투의 결과가 아니었습니다. 그것은 일본이 불교 국가로 나아가는 역사적 전환점이었습니다.

쇼토쿠 태자는 황실의 고귀한 혈통을 타고났지만, 그 왕족으로서의 지위를 불법 홍포와 국가 건설이라는 숭고한 이상을 위한 도구로 승화시킨 위대한 성군이었습니다. 그는 궁중의 권세를 내려놓기보다 오히려 그 권력을 불교 발전의 든든한 기반으로 삼아, 한 나라 전체를 부처님의 가르침이 뿌리내린 이상국가로 변모시키고자 했습니다.

깊은 밤 촛불을 벗 삼아 경전을 연구하고 불교 철학에 몰두하는 그의 모습은, 어떤 승려보다도 더욱 간절하고 치열한 구도자의 자세였습니다. 그러나 그의 수행은 개인적 깨달음에만 머무르지 않았습니다. 태자는 자신이 터득한 불교사상을 토대로 하여 자비와 화합, 그리고 중생구제의 정신이 국정 전반에 스며든 새로운 국가관을 정립했습니다.

그가 제시한 국가 통치철학은 단순한 정치적 이념을 넘어서, 불교의 참된 정신이 현실 정치 속에서 꽃피운 찬란한 결실이었으니, 이는 그 어떤 고승의 산중 수행보다도 더욱 장엄하고 의미 깊은 불도의 실천이었던 것입니다.

604년, 태자는 「17조 헌법」을 제정했습니다. 이는 일본 최초의 성문 헌법으로, 불교와 유교 사상을 바탕으로 한 통치 이념을 담고 있었습니다.

"화和를 귀하게 여기고 거스름이 없기를 종지로 삼을 것이다."

제1조의 이 문구는 태자의 정치철학을 가장 잘 보여줍니다. 대립과 갈등이 아닌 화합과 조화를 통해 나라를 다스리겠다는 의지였습니다. 특히 제2조는 "진심으로 삼보三寶를 공경하

라"라고 하여 불교를 국가의 근본이념으로 천명했습니다. 이는 아시아 최초로 불교를 국교로 선언한 것이나 다름없었습니다.

어느 날 한 신하가 태자에게 물었습니다.

"전하, 신분이 다른 사람들을 어떻게 동등하게 대할 수 있겠습니까?"

태자는 잠시 생각하더니 대답했습니다.

"연못에 핀 연꽃을 보거라. 더러운 진흙 속에서 피어나지만 그 꽃은 순결하고 아름답지 않은가? 사람도 마찬가지다. 출신이 미천해도 마음이 청정하면 성인이 될 수 있는 것이다."

607년, 태자는 호류지(法隆寺)를 창건했습니다. 이 절은 단순한 사찰이 아니라 불교문화의 총집합체였습니다. 건축, 조각, 회화 등 모든 예술이 불교 정신으로 하나가 된 공간이었습니다. 그런데 호류지에는 특별한 건물이 하나 있습니다. 바로 몽전夢殿입니다. 이곳은 태자가 살았던 이카루가노미야 궁터에 세워진 것으로, 태자와 법화경에 얽힌 신비로운 이야기가 전해집니다.

어느 날 밤, 태자는 꿈에서 석가여래부처님을 만났다고 합니다. 부처님께서는 태자에게 법화경의 깊은 뜻을 설명해 주셨습니다. "일승의 진리를 아는가? 모든 중생이 다 부처가 될 수 있다는 것을. 너는 이 진리를 이 땅에 전파하라."

꿈에서 깨어난 태자는 즉시 붓을 들어 『법화경의소』를 저술하기 시작했습니다. 밤새 붓끝에서 흘러나온 글은 마치 부처님께서 직접 써주신 것처럼 깊고 명료했습니다.

"법화경에서 말하는 일승이란 곧 부처님의 본심이다. 성문승, 연각승, 보살승의 삼승도 결국은 모두 부처가 되기 위한 방편일 뿐이다."

태자의 이 주석은 당시로서는 매우 혁신적인 해석이었습니다. 신분과 능력에 관계없이 모든 사람이 성불할 수 있다는 법화경의 메시지를 명확히 천명한 것이었습니다. 호류지의 몽전에는 지금도 태자의 등신상인 구세관음상이 비불祕佛로 모셔져 있습니다. 이 관음상은 1,300년 동안 비밀에 싸여 있다가 1884년에야 비로소 공개되었습니다. 많은 사람들이 이 관음상을 보고 태자의 자비로운 모습을 떠올렸다고 합니다. 태자는 자신을 관음보살의 화신이라 여기며 중생구제에 온 힘을 쏟았습니다.

"관음보살이 중생을 구제하듯이, 이 나라의 모든 백성이 괴로움에서 벗어나기를 바란다."

성덕 태자의 불교적 성취 중 가장 빛나는 것은 『법화경의소』, 『승만경의소』, 『유마경의소』 등 삼경의소의 저술입니다. 이는 일본인이 쓴 최초의 불교 주석서로, 태자의 깊은 불교 이해를 보여주는 귀중한 자료입니다.

특히 『법화경의소』에서 태자가 보여준 통찰은 놀라울 정도입니다. 법화경의 핵심 사상인 '일승사상一乘思想'을 이렇게 설명했습니다.

"부처님께서 성문, 연각, 보살이라는 삼승을 설하신 것은 중생의 근기에 따른 방편이다. 그러나 궁극적으로는 모든 중생이 부처가 되는 일승이 진실한 가르침이다."

이는 당시로서는 매우 혁신적인 해석이었습니다. 신분제 사회에서 모든 사람이 평등하게 성불할 수 있다고 선언한 것은 사회 전체를 뒤흔드는 일이었습니다.

『승만경의소』에서 태자는 '여성 성불'에 대해서도 명확한 입장을 밝혔습니다.

"승만부인이 부처님 앞에서 서원을 세운 것처럼, 여성도 남성과 다름없이 보살도를 행하고 성불할 수 있다."

이러한 평등사상은 당시로서는 매우 진보적인 것이었습니다.

『유마경의소』에서는 재가 신자의 역할에 대해 강조했습

니다.

"유마거사는 출가하지 않고도 높은 깨달음을 얻었다. 이는 불도가 형식에 있는 것이 아니라 마음에 있음을 보여준다."

이 삼경의소는 단순한 주석서를 넘어서 일본 불교사상의 기초가 되었습니다. 후에 히에이산에서 수행했던 사이초, 쿠카이, 호넨, 신란, 니치렌 등 일본불교의 거장들이 모두 태자의 저작에서 영감을 받았습니다.

태자는 적극적인 대외 정책도 펼쳤습니다. 607년, 수나라에 국서를 보냈는데, 그 유명한 "해 뜨는 곳의 천자가 해 지는 곳의 천자에게"로 시작하는 국서였습니다. 이는 중국 중심의 세계질서에 도전하는 것이었습니다. 일본이 중국과 대등한 관계임을 천명한 것이었습니다. 수 양제는 이 국서를 보고 크게 노했다고 전해지지만, 태자는 굴복하지 않았습니다.

"우리는 누구에게도 굽히지 않는 독립된 나라다. 불법을 받아들이되 속국이 되지는 않겠다."

태자의 이런 의지는 이후 일본의 대외 정책에 큰 영향을 미쳤습니다.

622년 2월 22일, 태자는 49세의 나이로 세상을 떠났습니다. 임종을 앞두고 태자는 제자들과 궁정 신하들을 불러 마지막 가르침을 남겼습니다.

"나는 이 세상에 잠시 머물다 가는 나그네였다. 부처님의 가르침을 이 땅에 뿌리내리는 것이 내 사명이었다."

"이제 그 일을 너희들이 이어받아야 한다. 불법이 이 나라에 영원히 번영하도록 힘써라. 모든 중생이 고통에서 벗어나 행복하기를 바란다."

태자의 죽음을 슬퍼한 백성들은 그를 단순한 왕족이 아닌 성인으로 여기기 시작했습니다. 그의 일생이 전설이 되고, 그 전설이 신앙이 되었습니다. 태자가 세상을 떠난 후, 그에 대한 추모와 존경의 마음은 신앙으로 승화되어 일본 전역에 퍼져나갔습니다. 사람들은 태자를 관음보살의 화신으로 여겼습니다. 고통받는 중생들에게 나타나 구원해주는 자비로운 보살로 믿어진 것입니다.

특히 가마쿠라 시대에 정토진종을 창시한 신란(親鸞)은 태자를 깊이 신봉하였습니다. 그는 태자가 꿈에 나타나 정토교를 펼치라고 계시했다고 믿었습니다. 이처럼 태자는 시대를 초월하여 많은 승려들에게 영감을 주었습니다.

목수와 건축업자들은 태자를 자신들의 수호신으로 모셨습니다. 호류지를 비롯한 수많은 사찰을 건립한 태자를 기술과 예술의 수호자로 여긴 것입니다. 지금도 2월 22일 태자의 기일에는 전국 각지에서 태자강太子講이 열립니다.

쇼토쿠 태자의 가르침은 1,500년이 지난 지금도 일본 사회에 깊이 뿌리내리고 있습니다. 17조 헌법의 화和 정신은 현대 일본의 집단주의 문화와 합의제 의사 결정 방식의 원형이 되었습니다. 또한 태자가 추구했던 종교 간의 조화는 신토와 불교가 공존하는 일본 특유의 종교 문화로 이어졌습니다. 태어날 때는 신사에서, 죽을 때는 절에서 의식을 치르는 일본인들의 종교관은 태자의 포용적 사상에서 비롯된 것입니다.

무엇보다 태자가 강조했던 "모든 이가 평등하다"는 사상은 신분제를 넘어선 인간 존중의 정신으로 계승되었습니다. 이는 현대 민주주의와 인권 사상의 뿌리가 되었습니다. 마구간에서 태어난 한 왕자가 어떻게 성인으로 추앙받게 되고, 그 성인이 어떻게 일본불교의 전설이 되었는지, 쇼토쿠 태자의 생애는 그 자체로 하나의 기적입니다. 그는 단순히 불교를 일본에 정착시킨 것이 아니라, 불교 정신으로 새로운 문명을 창조했습니다.

정치와 종교, 문화와 예술, 일본 국내와 국외를 막론하고 모든 영역에서 그가 남긴 발자취는 지금도 선명합니다. 17조 헌법, 호류지, 삼경의소는 모두 그의 위대한 유산입니다. 하지만 무엇보다 소중한 것은 그가 보여준 자비와 지혜, 그리고 모든 생명을 존중하는 마음입니다. 1,500년 전 한 왕자가 품었던 그 꿈이 오늘날까지 수많은 사람들의 마음을 감동시키고 있습니다.

나는 결코 성자가 아니며,
그대도 결코 어리석지 않다.
우리는 다만 함께 배우는 범인凡人일 뿐
(我れ必ず聖に非ず, 彼れ必ず愚に非ず. 共に是れ凡夫のみ)

쇼토쿠 태자가 남긴 이 말씀은 오늘을 사는 우리에게도 여전히 깊은 울림을 줍니다. 마구간이라는 가장 낮은 곳에서 태어나 성인의 반열에 오른 그의 여정은, 마치 진흙 속에서 피어나는 연꽃처럼 아름답습니다. 왕자의 화려한 관을 벗어던지고 부처님의 가르침을 품은 그 순간, 한 개인의 변화를 넘어 온 나라의 운명이 바뀌었습니다.

1,500년이라는 긴 세월이 흘렀지만, 아스카의 들판에서 불어오는 바람은 여전히 태자의 향기를 머금고 있습니다. 호류지의 처마 끝에 내려앉는 저녁노을은 그가 꿈꾸었던 불국토

의 모습을 비추고, 꿈 전의 고요한 침묵 속에서는 지금도 자비로운 속삭임이 들려옵니다.

왕자에서 성인으로, 성인에서 전설로, 그리고 전설에서 영원한 가르침으로 승화된 태자의 정신은 시간의 강을 건너 오늘날까지 수많은 마음을 어루만지고 있습니다. 법화경 한 구절에 온 생명을 바친 그 사랑이, 천 년을 넘어 또다시 천 년으로 이어지며 이 땅에 자비의 꽃을 피우고 있는 것입니다.

백성과 함께 세운 대불, 함께 이룬 기적 – 교기(行基)

"모든 중생이 행복하기를!"

나라(奈良) 궁궐에서 쇼무 천황(聖武天皇)의 놀라운 발표가 있던 743년 어느 봄날, 조정의 신하들은 모두 당황했습니다. 세상에 없는 거대한 청동불상을 만들겠다는 것이었습니다.

"세상에 없던 대불大佛을 조성할 것이다."

"폐하, 그런 큰 불상을 만들려면 천문학적인 비용이 들 것입니다."

"백성들의 부담이 너무 클 것입니다."

신하들의 우려에도 불구하고 쇼무 천황의 의지는 확고했습니다. 당시 당시 일본은 계속되는 천재지변과 역병, 정치적 혼란으로 민심이 극도로 불안한 상태였습니다. 천황은 거대한 불상을 조성하고 불법의 힘으로 나라를 안정시키고 싶었던 것입니다.

"그런데 폐하, 이런 큰 공사를 누가 주관하고 감독할 수 있겠습니까?"

그때 한 신하가 조심스럽게 입을 열었습니다.

"교기 스님이 계십니다."

교기, 행기(行基, 668~749) 스님은 당시 일본에서 가장 존경받는 고승이었습니다. 하지만 그의 출신은 남달랐습니다. 그는 백제에서 건너온 도래인渡來人 가문 출신으로, 교기의 할아버지와 아버지는 백제가 멸망할 무렵 일본으로 건너온 이주민들이었습니다. 백제가 멸망하게 되면서 백제에서는 많은 귀족과 학자, 기술자들이 일본으로 피난을 왔는데, 교기의 가문도 그중 하나였습니다. 그들은 고향을 잃은 슬픔을 안고 낯선 땅에서 새로운 삶을 시작해야 했습니다.

교기의 아버지인 고지高志는 백제의 유학자 출신으로, 일본에 정착한 후에도 학문에 대한 열정을 잃지 않았습니다. 그는 어린 교기에게 한학과 불교 경전을 가르쳤습니다.

"아버지, 왜 우리는 고향을 떠나야 했나요?"

어린 교기가 물었을 때, 아버지는 깊은 한숨을 쉬며 대답했습니다.

"세상의 모든 것은 무상하다. 나라도, 왕조도, 사람의 삶도 모두 변하는 것이다. 하지만 진리는 변하지 않는다. 부처님의 가르침만이 영원한 것이다."

아버지의 이런 가르침은 교기의 마음 깊이 새겨졌습니다. 고향을 잃은 슬픔과 이주민으로서의 어려움을 겪으면서도, 그는 불법에서 진정한 위안을 찾았습니다.

열다섯 살에 아스카데라(飛鳥寺)에서 출가한 교기는 일찍이 뛰어난 재능을 보였습니다. 특히 백제에서 전해진 불교문화와 기술에 대한 이해가 깊었습니다. 스승들은 모두 그의 총명함에 감탄했습니다.

당시 일본의 승려들은 모두 관승官僧이었습니다. 국가에서 임명하고 관리하는 공무원과 같은 신분으로, 주로 궁궐이나 관립 사찰에서 왕족과 귀족들을 위한 기도와 의식을 담당했습니다. 국가의 안녕과 황실의 번영을 위한 불사가 그들의 주된 역할이었습니다.

하지만 교기 스님이 선택한 길은 당시로서는 파격적인 것이었습니다. 다른 관승들이 궁궐과 대사찰에서 국가적 의례에 전념할 때, 그는 민중들 속으로 들어갔습니다. 서민들을 위해 불공과 기도를 하면서 가난한 자들과 병자를 돌보며 지냈습니다.

"스승님, 왜 굳이 속세로 나가려 하십니까?"

제자가 물었을 때 교기는 이렇게 답했습니다.

"부처님의 가르침은 고통받는 이들을 위한 것이다. 산속에서 혼자 깨달음을 얻는다 한들, 백성들이 굶주리고 있다면 무슨 소용이 있겠는가?"

교기는 본격적으로 사회사업에 뛰어들었습니다. 다리를 놓고, 저수지를 파고, 길을 닦는 일부터 시작했습니다. 특히 그가 추진한 공공사업들은 당시로서는 혁신적인 것들이었습니다.

"이 다리를 놓으면 강을 건너다 물에 빠져 죽는 사람들이 없어질 것입니다."

"이곳에 저수지를 파면 가뭄에도 농사를 지을 수 있습니다."

교기의 사업은 단순한 토목공사가 아니었습니다. 그는 백제에서 전해 받은 선진 기술과 불교의 자비 정신을 결합하여 민생 개선에 힘썼습니다. 하지만 조정에서는 교기의 활동을 곱지 않게 보았습니다. 당시 관승들은 국가가 정한 범위 내에서만 활동해야 했고, 함부로 민간에 나가 활동하고 포교하는 것이 금지되어 있었기 때문입니다. 승려는 궁궐과 관립 사찰에서 국가를 위한 기도에 전념해야 하는 존재였지, 백성들과 직접 접촉하는 것은 법도에 어긋나는 일이었습니다.

"교기라는 승려가 법을 어기고 있습니다."

"백성들이 너무 그를 따르니 문제입니다."

717년, 마침내 조정에서는 교기에게 금족령을 내렸습니다. 더 이상 민간 활동을 하지 말라는 것이었습니다. 하지만 교기는 굴복하지 않았습니다.

"부처님의 가르침을 따르는 것이 법을 어기는 것입니까? 고통 받는 백성들을 돌보는 것이 죄입니까?"

그는 계속해서 민중들과 함께했습니다. 그의 주변에는 점점 더 많은 사람들이 모여들었습니다. '교기보살'이라 불리며 살아 있는 부처로 여겨질 정도였습니다.

세월이 흐르면서 일본의 상황은 더욱 어려워졌습니다. 735

년에는 천연두가 대유행하여 인구의 3분의 1이 죽어갔습니다. 정치적으로도 후지와라 가문의 권력투쟁이 격화되어 사회가 혼란에 빠져 있었습니다. 이런 위기 상황에서 쇼무 천황이 대불 건립을 결심한 것이었습니다. 이는 불교의 힘으로 국가적 재난을 극복하려는 국가불사國家佛事였습니다. 하지만 문제는 이런 거대한 사업을 누가 총괄할 것인가 하는 점이었습니다. 일반적인 관승들로는 감당하기 어려운 규모였습니다.

"교기보살밖에 없습니다."

"하지만 그는 금족령을 받은 몸이 아닙니까?"

"이런 큰일을 해낼 수 있는 사람은 교기보살뿐입니다."

결국 쇼무 천황은 교기를 불러들였습니다. 이는 파격적인 결정이었습니다. 금족령을 받은 몸일 뿐만 아니라, 관승의 체계를 벗어나 활동하던 그를 국가 최대의 불사에 기용한 것이었기 때문입니다. 743년, 칠십오 세의 노승 교기가 궁궐로 초빙되었습니다.

"교기여, 짐이 대불을 세우려 하니 도와주시오."

천황의 요청에 교기는 잠시 침묵했습니다. 그리고 조용히 입을 열었습니다.

"폐하, 대불을 세우는 것은 쉬운 일이 아닙니다. 무엇보다 백성들의 진심어린 참여가 있어야 합니다."

"그것을 어떻게 이룰 수 있겠는가?"

"강요로는 안 됩니다. 백성들이 스스로 원해야 합니다. 대불 건립이 자신들을 위한 것임을 깨달아야 합니다."

천황의 명을 받아 교기는 전국을 돌아다니며 대불 건립의 의미를 설명했습니다. 그의 설법은 단순했지만 감동적이었습니다.

"이 대불상은 우리 모두의 괴로움을 덜어줄 것입니다. 여러분 한 사람 한 사람이 바로 부처님의 자비를 받을 자격이 있는 소중한 존재입니다."

놀랍게도 전국에서 자발적인 기부가 이어졌습니다. 부자는 재물을, 가난한 이는 노동력을, 아이들은 꽃 한 송이라도 바쳤습니다. 교기의 진심이 사람들에게 전해진 것이었습니다.

건설 과정에서도 교기는 현장을 직접 지휘했습니다. 백제에서 전해 받은 기술적 지식이 큰 도움이 되었습니다.

"이 부분은 이렇게 해야 균형이 맞습니다."

"동의 순도를 높이려면 이런 방법을 써야 합니다."

교기는 단순한 종교적 지도자가 아니라 뛰어난 기술자이기도 했습니다. 하지만 공사는 순탄하지 않았습니다. 여러 번의 주조 실패가 있었고, 예상보다 훨씬 많은 자재가 필요했습니다.

“교기보살, 이제 어떻게 해야 합니까?”

절망하는 사람들에게 교기는 따뜻하게 말했습니다.

“포기하지 맙시다. 우리의 정성이 모이면 반드시 이루어질 것입니다. 부처님께서 우리를 돕고 계십니다.”

마침내 752년, 동대사의 거대한 대불이 완성되었습니다. 개안공양식開眼供養式에는 각지에서 수만 명의 사람들이 모여들었습니다. 교기는 대불상 앞에 서서 깊은 감회에 젖었습니다. 백제에서 건너온 할아버지, 이주민의 설움을 견뎌낸 아버지, 그리고 자신의 삶이 모두 이 순간을 위한 것이었던 것 같았습니다.

“폐하, 대불상이 완성되었습니다.”

쇼무 천황은 교기의 손을 잡으며 말했습니다.

“교기여, 그대가 없었다면 이 일은 불가능했을 것이다.”

교기는 고개를 저으며 대답했습니다.

“이것은 제 공이 아닙니다. 전국 백성들의 정성이 모여 이루어진 것입니다. 저는 다만 그 마음들을 하나로 모으는 역할을 했을 뿐입니다.”

대불 완성 후 교기는 대승정大僧正이라는 최고의 승관에 올랐습니다. 일본 불교사상 처음으로 이런 높은 지위에 오른 것이었습니다. 하지만 교기의 마음은 이미 다른 곳에 있었습니다. 그는 사람들에게 이렇게 말했습니다.

"대불상은 완성되었지만, 진정한 부처는 여러분 각자의 마음속에 계십니다. 대불을 보며 자신의 마음속 부처님을 발견하시기 바랍니다."

749년, 교기는 팔십일 세의 나이로 입적했습니다. 임종을 앞두고 제자들이 마지막 가르침을 청했습니다.

"스승님, 저희는 무엇을 해야 합니까?"

교기는 미소를 지으며 대답했습니다.

"부처님의 자비는 모든 중생에게 골고루 내린다. 출신이 어디든, 가난하든 부유하든 상관없이 말이다. 너희들도 그런 마음으로 살아가거라."

교기의 입적 소식이 전해지자 전국에서 애도의 물결이 일었습니다. 백성들은 그를 '교기보살'이라 부르며 살아 있는 부처로 기렸습니다.

교기가 남긴 유산은 단순히 동대사의 대불상만이 아니었습니다. 그는 불교가 귀족들만의 종교가 아니라 모든 백성들의 종교가 될 수 있음을 보여주었습니다. 또한 도래인으로서의 경험을 바탕으로 진정한 포용과 화합의 정신을 실천했습니다.

오늘날 나라(良奈)의 동대사에서 거대한 대불상을 보는 사람들은 교기의 정신을 느낄 수 있습니다. 높이 16미터의 세계 최대 규모의 청동대불상은 단순한 조각품이 아니라, 천 년 전 한 도래인 승려가 보여준 자비와 포용의 정신을 상징하는 것입니다.

교기 스님의 삶은 우리에게 중요한 메시지를 전합니다. 출신이나 배경이 중요한 것이 아니라, 어떤 마음으로 살아가느냐가 중요하다는 것입니다. 고향을 잃은 이주민의 후손이었지만, 그는 누구보다도 소외받는 이웃을 사랑하고 이 땅의 백성들을 위해 헌신했습니다.

지금도 동대사 대불상 앞에 서면 교기보살의 간절한 염원이 느껴집니다. "모든 중생이 행복하기를"이라는 그의 간절한 기도는 천 년의 시간을 넘어 우리에게 전해지고 있습니다.

모든 이가 부처가 될 수 있다
–사이초(最澄)

"모든 중생에게는 불성이 있다.
누구든지 부처가 될 수 있다."

헤이안 시대 초, 히에이산(比叡山)의 아침 안개 속에서 울려 퍼지는 독경 소리가 있었습니다. 스물두 살의 젊은 수행자 사이초, 최징(最澄, 767~822) 스님은 오늘도 새벽부터 법화경을 독송하며 하루를 시작했습니다. 산속 깊은 절에서 홀로 수행하는 그의 마음에는 큰 꿈이 자리하고 있었습니다.

사이초는 오미국(近江國, 현재의 시가현) 출신으로, 어려서부터 총명하기로 소문이 났습니다. 열두 살에 나라의 다이안지(大安寺)에 들어가 출가했고, 스무 살에 정식 승려가 되었습니다. 당시 일본 불교계는 나라의 여섯 종파, 이른바 남도육종南都六宗이 주도하고 있었습니다. 화엄종, 법상종, 율종, 삼론종, 성실종, 구사종이 그것이었는데, 이들은 모두 학문적 연구에 치중하며 귀족들을 위한 불교를 표방하고 있었습니다.

하지만 젊은 수행자의 눈에는 이런 기존 불교가 형식적이고 생명력이 없어 보였습니다. 복잡한 교리 논쟁에만 매몰되어 정작 중생구제라는 불교의 본래 목적은 잊고 있는 것 같았습니다.

"진정한 부처님의 가르침은 무엇일까?"

고민에 빠진 사이초는 마침내 세속을 떠나 히에이산으로 들어갔습니다. 788년, 스물두 살의 나이였습니다. 그곳에서 그는 홀로 수행하며 법화경을 깊이 연구하기 시작했습니다. 법화경은 "모든 중생이 부처가 될 수 있다"는 일승사상一乘思想을 담고 있었습니다. 이는 당시 남도육종의 주류 사상과는 정면으로 대립하는 것이었습니다. 특히 법상종에서는 중생을 다섯 종류로 나누어 그중 일부는 영원히 성불할 수 없다고 가르쳤기 때문입니다.

하지만 사이초는 확신했습니다. 법화경의 가르침이야말로 부처님의 진정한 뜻이라고. 신분의 높고 낮음, 재능의 유무와 관계없이 모든 사람이 부처가 될 수 있다는 이 가르침이 진정한 자비라고 믿었습니다.

히에이산에서 십여 년간 홀로 수행하던 사이초에게 큰 기회가 찾아왔습니다. 794년 간무 천황이 나라에서 교토로 수도를 옮기면서 새로운 불교를 필요로 하게 된 것입니다. 기존의 나라 불교는 정치적으로 너무 큰 영향력을 행사하여 천황권을 위협하는 존재가 되어 있었습니다.

간무 천황은 교토 근교의 히에이산에서 홀로 정진하고 있는 젊은 수행자의 소문을 들었습니다. 805년, 천황은 사이초를 입당승入唐僧으로 임명하여 중국 당나라에 파견했습니다. 최신 불교 사상을 배워와 일본불교의 새로운 기반을 만들라는 것이었습니다.

당나라에 도착한 사이초는 천태산으로 향했습니다. 그곳에서 천태종의 도수道邃 선사를 만나 법화경을 중심으로 한 천태교학을 전수받았습니다. 또한 선종의 수행법과 밀교의 의례도 함께 배웠습니다.

"법화경의 일승사상이야말로 모든 불교 가르침을 통합하는 최고의 진리입니다."

도수 선사의 가르침은 사이초 스님의 확신을 더욱 굳건하게 만들었습니다. 불과 1년이라는 짧은 기간이었지만, 사이초는 천태종의 핵심을 깊이 체득하고 돌아왔습니다.

806년, 일본으로 돌아온 사이초는 간무 천황의 전폭적인 지지를 받으며 히에이산에서 본격적인 전법과 포교를 시작했습니다. 그는 자신의 종파를 천태종이라 명명하고, 법화경을 근본 경전으로 삼았습니다.

사이초의 가르침에서 가장 혁신적인 것은 '일승보성一乘寶性' 사상이었습니다. 이는 모든 중생이 본래부터 부처의 성품을 갖추고 있으며, 따라서 누구나 부처가 될 수 있다는 가르침이었습니다. 이는 당시 지배적이던 법상종의 오성각별설(五性各別說, 중생의 근기를 다섯 가지로 구분하여 모두가 성불할 수는 없다고 보는 교리)과 정면으로 대립하는 것이었습니다.

어느 날 한 농민이 사이초를 찾아와 물었습니다.

"스님, 저는 글자도 모르고 어리석습니다. 이런 제가 정말 부처가 될 수 있습니까?"

사이초는 따뜻하게 미소 지으며 답했습니다.

"부처님께서는 법화경에서 말씀하셨습니다. 심지어 어린아이가 장난으로 모래탑을 쌓아도 그것이 불도를 행하는 것이라고. 학문이나 재능이 문제가 아닙니다. 진실한 마음이면 충분합니다."

"그럼 저도 부처가 될 수 있나요?"

"당신은 이미 부처의 씨앗을 가지고 태어났습니다. 다만 그것을 깨닫지 못할 뿐입니다. 법화경을 믿고 보살행을 실천하면 언젠가 반드시 부처가 될 것입니다."

이런 가르침은 신분제 사회에서 억압받던 서민들에게 큰 희망이 되었습니다. 그런데 어느 날, 사이초에게 큰 시련이 찾아왔습니다. 히에이산에서 수행하던 젊은 승려 하나가 계율을 어기고 도망가 버린 사건이 발생한 것입니다. 다른 제자들이 그 승려를 비난하며 사이초에게 말했습니다.

"스승님, 저런 배신자는 영원히 받아들이면 안 됩니다. 산문 출입을 금지해야 합니다."

하지만 사이초의 반응은 예상과 달랐습니다.

"그를 다시 불러오너라."

"스승님, 무슨 말씀이십니까? 계율을 어긴 자를 다시 받아들인다는 것입니까?"

사이초는 조용히 대답했습니다.

"법화경에서는 어떤 중생도 포기하지 않는다고 하셨다. 한 번 실수했다고 해서 그의 불성까지 사라지는 것은 아니다. 오히려 지금이야말로 그에게 진정한 가르침이 필요한 때이다."

며칠 후 그 승려가 부끄러운 마음으로 사이초를 찾아왔습니다. 눈물을 흘리며 용서를 구하는 그를 보며 사이초는 말했습니다.

"돌아온 것을 환영한다. 실수는 누구나 할 수 있는 것이다. 중요한 것은 그 실수에서 배우는 것이다. 그대도 부처가 될 수 있는 소중한 존재이다."

이 일화는 히에이산 전체에 큰 감동을 주었습니다. 사이초의 '일승보성' 사상이 단순한 이론이 아니라 실천적 자비임을 보여준 사건이었기 때문입니다.

하지만 사이초의 이런 가르침은 기존 남도 불교계의 강력한 반발을 불러일으켰습니다. 특히 법상종의 거승 도쿠이쓰(德一)와의 논쟁은 일본 불교사상 가장 격렬한 사상 논쟁 중 하나가 되었습니다.

도쿠이쓰는 사이초에게 편지를 보내 비판했습니다.

"모든 중생이 부처가 될 수 있다는 것은 불가능합니다. 중생에는 다섯 가지 종류가 있어서, 그중 일천제(一闡提, 성불의 인연이 없는 존재)는 영원히 성불할 수 없습니다. 이것이 유식

교학의 정설입니다."

사이초는 단호하게 반박했습니다.

"법화경에서는 분명히 말씀하셨습니다. '일체중생실유불성一切衆生悉有佛性, 모든 중생에게는 빠짐없이 불성이 있다는 이것이 부처님의 진실한 가르침입니다. 어떤 중생도 예외 없이 부처가 될 수 있습니다."

이 논쟁은 십여 년간 계속되었고, 서로 수십 편의 편지를 주고받으며 치열하게 전개되었습니다. 이는 단순한 교리 논쟁을 넘어서 일본불교의 미래 방향을 결정하는 중대한 사건이었습니다.

사이초는 교학 연구뿐만 아니라 실천적 수행도 중시했습니다. 그는 히에이산에 십이년농산十二年籠山이라는 독특한 수행 제도를 만들었습니다. 모든 승려는 열두 해 동안 산에서 내려오지 않고 오직 수행에만 전념해야 한다는 것이었습니다. 십이년농산은 일본 천태종이 낳은 독창적이고 엄격한 수행 제도로, 그 탄생 배경에는 당시 일본 불교계에 대한 깊은 우려와 개혁 의지가 담겨 있습니다.

사이초는 804년 견당사로 중국에 건너가 천태산에서 천태 교학의 정수를 익히고 돌아온 후, 나라 불교의 세속화된 모습과 승려들의 타락상을 목격하며 진정한 대승보살을 양성할 수 있는 새로운 교육 체계의 필요성을 절감했습니다. 이러한 문제의식 속에서 만들어진 십이년농산十二年籠山 제도는 수행자들이 긴 세월 동안 오직 불도 수행에만 전념하도록 하는 극도로 엄격한 제도였습니다.

수행자들은 이 기간 동안 천태교학 연구와 법화경 독송, 좌선과 염불 수행, 철저한 계율 준수는 물론 산중 노동을 통한 자급자족 생활까지 감내해야 했으며, 세속과의 모든 접촉을 차단한 채 스승과 선배들의 직접적인 지도 아래 청정한 수행 생활을 이어가야 했습니다.

이처럼 가혹할 정도로 엄한 규율 속에서 중도에 포기하는 자는 환속 조치를 당해야 했지만, 이 모든 시련을 통과한 이들은 나라와 백성을 위해 헌신하는 중생구제의 보살승으로 거듭날 수 있었습니다. 사이초의 이러한 교육 이념과 십이년농산 제도는 현재까지도 히에이잔의 소중한 전통으로 계승되어 일본 천태종 승려들의 기본 수행 과정으로 자리잡고 있으며, 이는 일본 불교사에서 매우 독특하고 의미 있는 수행 전통으로 높이 평가받고 있습니다.

"진정한 보살은 자신만의 해탈을 구하지 않습니다. 중생을 구제하기 위해 자신을 희생할 수 있어야 합니다."

사이초는 제자들에게 철저한 보살 정신을 강조했습니다. 개인의 깨달음보다는 중생 구제를 우선시하는 대승불교의 이상을 실현하고자 했습니다.

또한 사이초는 일본불교의 확장과 발전을 위해서도 노력했습니다. 당시 일본의 승려들은 모두 나라의 동대사東大寺에서만 계율을 받아야 했는데, 이는 남도 불교의 통제를 받는다는 의미였습니다. 사이초는 히에이산에 독자적인 대승계단을 설치해 줄 것을 조정에 요청했습니다.

이 문제는 사이초의 평생 숙원이었지만 생전에는 이루어지지 못했습니다. 정치적인 영향을 받고 있는 남도 불교계의 강력한 반대 때문이었습니다. 하지만 사이초가 입적한 직후인 822년, 간무 천황의 아들 사가 천황이 마침내 히에이산 대승계단 설치를 허가했습니다.

사이초는 입적을 앞두고 제자들에게 유언을 남겼습니다.

"나는 평생 모든 중생이 부처가 될 수 있다고 가르쳤다. 이것이 법화경의 진리이고, 부처님의 본뜻이다. 너희들도 이 가르침을 끝까지 지켜 나가거라."

"스승님, 그러면 저희는 무엇을 해야 합니까?"

"자신의 깨달음만 구하지 말고, 모든 중생과 함께 부처가 되고자 하라. 그것이 진정한 보살의 길이다. 법화경을 믿고, 보살행을 실천하며, 일승의 진리를 세상에 널리 펼쳐라."

822년, 사이초는 쉰여섯의 나이로 연력사에서 조용히 입적했습니다. 임종의 마지막 순간까지도 스님의 입에서는 법화경의 경문이 흘러나왔다고 전해집니다.

사이초가 창시한 일본 천태종은 후에 일본불교의 모태가 되었습니다. 정토불교의 호넨과 신란, 선불교의 에이사이와 도겐, 일련종의 니치렌 등 가마쿠라 신불교의 거의 모든 조사들이 히에이산에서 수행하고 정진했습니다. 이들은 모두 사이초의 '모든 이가 부처가 될 수 있다'는 평등 사상에서 영감을 받아 각자의 종파를 창시한 것입니다.

현재 히에이산 엔랴쿠지(延曆寺)는 일본불교의 총본산으로서 1,200년의 역사를 이어오고 있습니다. 경내에는 사이초가 세운 근본중당이 있고, 거기서 천 년 동안 타오르는 불멸의 법등이 있습니다. 이 법등은 사이초가 직접 켠 등불이 1,200년 동안 한 번도 꺼지지 않고 이어져 내려온 것으로, 그의 가르침이 영원히 사라지지 않을 것임을 상징합니다.

오늘날에도 사이초의 '일승보성' 사상은 큰 의미를 갖습니다. 출신이나 능력, 환경에 관계없이 모든 사람이 동등한 가능성을 가지고 있다는 그의 가르침은 현대의 인권 사상과도 맞닿아 있습니다. 차별과 편견이 여전히 존재하는 현실에서, "모든 이가 부처가 될 수 있다"는 사이초의 메시지는 여전히 희망의 등불이 되고 있습니다.

천 년을 헤아리는 세월의 무게를 품은 히에이산의 새벽, 신비로운 운무가 고요히 흘러가는 고목들 사이로 오늘도 염불 소리가 은은히 울려 퍼집니다. 각지에서 구도의 길을 찾아 모여든 수행자들이 이 성스러운 산중에서 정진을 이어 가고 있으며, 그들의 간절한 발원은 마치 꺼지지 않는 등불처럼 세상의 어둠을 밝혀주고 있습니다.

"한 구석을 비추는 것, 이것이 곧 국보國寶이다"

(一隅を照らす. これ則ち国宝なり)

이 말은 전교대사 사이초(伝教大師最澄)가 쓴 『산가학생식(山家学生式)』에 나오는 말입니다. 이 『산가학생식』은 사이초가 "일우(한 구석)를 비추는 국보적 인재"를 양성하고 싶다는 열망을 담아 저술하여 사가천황(嵯峨天皇)에게 제출한 것입니다.

"일우를 비춘다"는 것은 스스로가 작은 빛이 되어 주위를 비춘다는 의미입니다. 즉, 주어진 그 장소에서 전력을 다해 필요한 사람이 되라는 의미입니다. 이러한 한 구석을 밝히는 인재야말로 "나라의 보배"라고 사이초는 말하고 있습니다.

진언의 바다에 핀 연꽃 – 쿠카이(空海)

"모든 중생이 본래 부처다. 다만 그것을
깨닫지 못할 뿐이다."

774년, 사누키국(현재의 카가와현)에서 태어난 한 아이가 있었습니다. 사에키마오(佐伯眞魚)라는 이름의 그 아이는 훗날 쿠카이(空海)라는 법명으로 불리며 일본 불교사에 큰 족적을 남기게 됩니다.

총명했던 마오는 귀족 집안의 자제답게 15세에 황태자의 스승이었던 외삼촌 밑에서 논어와 효경, 사전, 문장 등을 배웠습니다. 18세에는 당시 최고의 교육기관이던 교토의 대학료에 입학하여 명경도明經道를 전공하며 유교 관련 경전들을 깊이 공부했습니다. 명문 집안 출신답게 장래 관직 진출이 기대되는 엘리트 코스를 밟고 있었던 것입니다. 하지만 그는 수많은 유학 경전을 읽으면서도 마음 한구석에 채워지지 않는 갈증이 있었습니다.

"진정한 진리란 무엇인가? 책 속의 지식만으로 인생의 근본 문제를 해결할 수 있는가?"

19세 되던 해, 삶의 근원적인 의문을 해결하기 위해 그는 학업을 뒤로 하고 깊은 산중으로 들어가 출가 수행자의 길을 걷게 됩니다. 그때 대승불교 경전인 대일경大日經을 공부한 어느 스님으로부터 허공장보살의 진언 수행법을 배운 쿠카이는 토사 지방의 무로토 곶 동굴로 수행처를 옮기고 그곳에서 밤낮없이 수행정진을 이어가게 됩니다.

"노마쿠 사만다 보다난 아카샤 교라바야 옴 아리캬 마리 보리 소와카"

진언 주력 수행을 이어가던 어느 새벽, 놀라운 일이 일어났습니다. 밝은 별이 그의 입속으로 날아들어오는 환상을 본 것입니다. 그 순간 그는 우주와 하나가 되는 신비한 체험을 했습니다. 동굴에서 바라보니 하늘과 바다만이 보였습니다. 이때부터 그는 자신을 스스로 '쿠카이(空海)', 하늘과 바다라고 불렀습니다.

804년, 서른 살이 되던 해, 법을 구하고자 하는 열정으로 쿠카이는 견당사遣唐使를 따라 중국으로 가는 배에 몸을 싣게 됩니다. 폭풍을 만나 표류하는 등 온갖 고생 끝에 장안에 도착한 그는 청룡사의 고승 혜과 스님을 찾아갔습니다.

혜과 스님은 당시 밀교密教의 제7조로 불리며 중국 밀교의 최고 권위자였습니다. 밀교는 경전을 읽고 이해하는 기존의 일반적인 불교와 달리 진언을 외우고, 손으로 특별한 모양을 만들며, 마음속으로 부처를 그려내는, 몸과 마음과 입의 수행을 통해 이 생에서 바로 부처가 될 수 있다고 가르치는 비밀스러운 가르침이었습니다.

인도에서 전해진 이 밀교가 금강지金剛智, 불공금강不空金剛을 거쳐 혜과惠果에게 이르렀고, 그는 이 귀중한 법맥을 일본에서 온 젊은 승려에게 전하고자 하늘의 뜻을 기다리고 있었습니다. 쿠카이는 청룡사에서 산스크리트어(梵語)와 밀교수행법을 빠르게 익혀 나갔습니다. 얼마 지나지 않아 쿠카이는 스승에게 인정받는 뛰어난 제자가 되었습니다.

"오래 기다렸다. 나는 곧 세상을 떠날 것이니, 너에게 모든 가르침을 전해주겠다."

밀교의 대가인 스승과의 만남은 운명적이었습니다. 혜과는 쿠카이가 단번에 복잡한 만다라를 완벽하게 그려내는 것을 보고 깜짝 놀랐습니다.

"너는 전생에 이미 밀교를 수행한 인연이 있는 것이 분명하구나."

쿠카이는 혜과로부터 밀교의 모든 비전祕傳을 전수받았습니다. 혜과는 입적하기 직전 쿠카이에게 말했습니다.

"너는 일본으로 돌아가 이 가르침을 널리 전하라."

스승이 입적한 후 일본으로 돌아온 쿠카이가 교토 남부의 고야산에서 수행에 전념하던 중 일어난 일화입니다. 어느 날 한 나무꾼이 찾아와 하소연했습니다.

"스님, 저는 글을 모르는 무식한 사람입니다. 어떻게 하면 부처님의 가르침을 받을 수 있습니까?"

쿠카이는 따뜻하게 미소 지으며 간단한 진언을 가르쳐주었습니다.

"옴 바지라사토바 훔 입니다. 이 진언은 금강살타(金剛薩埵, 금강수보살)의 진언이라하는데, 이 진언만 마음을 다해 외우십시오.”

“그것만으로도 됩니까?”

“진심이면 충분합니다. 부처님은 학문의 깊이가 아니라 마음의 진실함을 보십니다.”

몇 년 후 그 나무꾼이 다시 찾아왔습니다. 그의 얼굴에는 평안함이 가득했습니다.

“스님, 신기한 일입니다. 진언을 외우며 나무를 베고 있으면 나무들이 모두 부처님 같아 보입니다. 도끼질을 할 때마다 공덕을 쌓는 기분입니다.”

쿠카이는 환하게 웃으며 말했습니다.

“그것입니다! 일체중생이 본래 부처라는 것을 깨달으셨군요.”

쿠카이는 828년 일본 최초의 서민학교인 종예종지원綜藝種智院을 세웠습니다. 어느 날 한 어머니가 어린 아들을 데리고 와서 눈물을 흘리며 말했습니다.

“스님, 이 아이가 너무 우둔해서 아무것도 배우지 못합니다. 포기해야 할까요?”

쿠카이는 아이를 무릎에 앉히고 부드럽게 물었습니다.

“얘야, 네가 가장 좋아하는 것이 무엇이냐?”

"저는… 꽃을 보는 것을 좋아해요."

"그렇구나. 꽃을 볼 때 어떤 기분이니?"

"예뻐서 기분이 좋아요."

쿠카이는 어머니에게 말했습니다.

"아이는 이미 아름다움의 본질을 알고 있습니다. 이것이 가장 깊은 지혜입니다. 학문은 나중에라도 배울 수 있지만, 순수한 마음은 돈으로도 살 수 없습니다."

어느 날 한 상인이 찾아와 고민을 토로했습니다.

"스님, 저는 장사하느라 하루 종일 바쁩니다. 언제 수행을 해야 할지 모르겠습니다."

쿠카이는 차를 우리며 대답했습니다.

"손님을 맞을 때도 수행이고, 물건을 팔 때도 수행이고, 밥을 먹을 때도 수행입니다. 수행이 따로 있다고 생각하는 그 마음이 이미 미혹입니다."

"그럼 저는 이미 수행자인가요?"

"지금 이 순간 수행에 대해 진심으로 묻고 있지 않습니까? 그 진실한 마음이 바로 부처심입니다."

상인은 눈물을 글썽이며 절을 올렸습니다.

쿠카이의 가르침 중 가장 유명한 것은 '즉신성불卽身成佛', 지금 이 몸 그대로 부처가 된다는 사상입니다. 어느 날 한 제자가 물었습니다.

"스승님, 언제 부처가 될 수 있습니까?"

"지금 이 순간 부처가 아닌 때가 언제 있었느냐?"

"하지만 저는 아직도 번뇌가 많고 욕심도 있습니다."

"번뇌 또한 지혜의 다른 이름이다. 연꽃이 진흙탕에서 피듯, 번뇌 속에서 깨달음이 피어난다. 번뇌를 없애려 하지 말고 번뇌와 함께 머물거라."

이 가르침은 많은 사람들에게 큰 위로가 되었습니다. 완벽해져야 부처가 되는 것이 아니라, 지금 이 순간 있는 그대로가 이미 부처라는 것을.

어느 가뭄이 심한 해, 농민들이 찾아와 간절히 부탁했습니다.

"스님, 비가 오지 않으면 모든 농작물이 말라 죽습니다. 도와주십시오."

쿠카이는 7일 동안 밀교의 의식을 수행했습니다. 그런데 그때 정말로 단비가 내렸습니다. 농민들이 기뻐하며 감사 인사를 드리자, 쿠카이가 말했습니다.

"비를 내리게 한 것은 내가 아닙니다. 여러분의 간절한 마음이 하늘을 감동시킨 것입니다."

"그럼 스님은 아무 일도 하지 않으신 건가요?"

"나는 다만 여러분의 마음과 하늘의 마음을 이어주는 다리 역할을 했을 뿐입니다. 진정한 기적은 자비심에서 나오는 것입니다."

835년, 쿠카이는 62세의 나이로 고야산에서 열반에 들었습니다. 그리고 제자들에게 마지막 가르침을 남겼습니다.

"나는 죽는 것이 아니라 다만 깊은 선정에 들 뿐이다. 미륵보살이 이 세상에 오실 때까지 고야산에서 여러분을 지켜보고 있겠다."

"스승님, 저희는 무엇을 해야 합니까?"

"진언을 외우고, 자비심을 실천하며, 모든 중생이 행복하기를 기원하라. 그리고 잊지 마라. 여러분 모두가 이미 부처라는 것을."

쿠카이가 입적한 지 86년이 지난 921년, 동사東寺의 간겐이 다이고 천황에게 상소를 올렸습니다.

"폐하, 쿠카이 대사께서는 생전에 진언밀교를 일본에 전하시어 무수한 중생을 구제하셨습니다. 그 공덕이 참으로 위대하오니, 시호를 내려주시기를 청합니다."

천황은 쿠카이의 일생을 돌아보며 말했습니다.

"그는 참으로 법을 널리 펼쳐 중생을 이롭게 한 분이로다. '홍법대사弘法大師'라는 시호를 내리노라."

'홍법'이란 '법을 널리 펼친다'는 뜻으로, 쿠카이가 평생에 걸쳐 실천한 일을 가장 잘 표현한 이름이었습니다. 이때부터 사람들은 쿠카이를 홍법대사라고 부르며 더욱 깊이 공경하게 되었습니다.

쿠카이가 일본에 전한 진언밀교는 그의 입적 후에도 끊임없이 발전했습니다. 고야산을 중심으로 한 고야산파와 동사를 중심으로 한 동사파로 나뉘어 각각의 전통을 이어갔고, 후에 다양한 분파들이 생겨났습니다. 진언종의 가르침은 단순히 경전을 읽는 것을 넘어서 진언眞言을 외우고, 수인手印을 결하며, 관상觀想을 통해 몸과 마음과 말로 부처와 하나가 되는 삼밀수행三密修行을 중시했습니다. 이러한 실천적 수행법은 일반 민중들에게도 쉽게 다가갈 수 있어 일본 전역으로 널리 퍼져 나갔습니다.

쿠카이의 고향인 시코쿠에는 그의 발자취를 따라 걷는 특별한 순례길이 있습니다. 시코쿠 88개소 순례길, 일명 '오헨로

(お遍路)'라고 불리는 이 길은 쿠카이가 젊은 시절 산중수행을 했던 곳들을 연결한 것입니다. 전설에 따르면 쿠카이는 지금도 이 길을 걸으며 순례자들과 함께하고 있다고 믿어집니다.

천 년이 넘는 세월 동안 수많은 사람들이 이 길을 걸으며 마음의 평안을 찾고 있으며, 순례자들은 "동행이인同行二人", 홍법대사와 함께 걷는다는 마음으로 여행을 떠납니다. 이 순례길은 단순한 관광이 아니라 쿠카이의 가르침을 몸으로 체험하는 영적인 여행으로 여겨지고 있습니다.

현재도 고야산에서는 매일 쿠카이에게 식사를 올리는 의식이 1,200년 넘게 이어지고 있습니다. 사람들은 여전히 그가 살아 있다고 믿으며 기도를 올립니다. 쿠카이의 "모든 중생이 본래 부처다"라는 가르침은 복잡한 현대를 살아가는 우리에게도 큰 위로가 됩니다. 우리는 무엇인가 특별해져야 가치 있는 존재가 되는 것이 아닙니다. 지금 이 순간, 있는 그대로의 우리가 이미 충분히 소중하고 완전한 존재입니다.

진흙탕에서 피어나는 연꽃처럼, 번뇌와 고통 속에서도 우리 안의 부처의 성품은 언제나 빛나고 있습니다. 그것을 깨닫는 순간, 진언의 바다에 핀 연꽃처럼 우리의 삶도 아름답게 피어날 것입니다.

정법이 바로 서야 나라가 평안하다 –니치렌(日蓮)

"나무묘법연화경! 이 일곱 글자 속에 불법의 모든 진리가 들어 있다."

가마쿠라 시대 중기, 안방국(安房國, 현재의 치바현) 작은 어촌 마을에서 태어난 한 소년이 있었습니다. 1222년, 어부의 아들로 태어난 젠니치마로(善日麻呂, 후의 니치렌)는 어려서부터 남다른 기개를 보였습니다. 바다를 바라보며 서 있는 그의 눈빛에는 범상치 않은 의지가 담겨 있었습니다.

"아버지, 저는 꼭 일본에서 가장 지혜로운 사람이 되겠습니다."

열두 살 소년의 당찬 선언에 아버지는 미소를 지었습니다. 가난한 어부의 아들이 무슨 큰 뜻을 품겠느냐 했지만, 아들의 진지한 표정을 보니 그저 웃어넘길 수만은 없었습니다. 소년은 12세 되던 해, 고향 근처 세이쵸지(清澄寺)에 들어가 공부를 시작했습니다. 16세에 정식으로 출가하여 렌초(蓮長)라는 법명을 받았지만, 그의 마음속에는 깊은 의문이 자리하고 있었습니다.

당시 일본 불교계는 혼란 그 자체였습니다. 천태종, 정토종, 선종, 진언종 등 각기 다른 종파들이 서로 자신들만이 올바른 가르침이라고 주장하고 있었습니다. 사람들은 혼란스러워했고 불교계는 모두가 각자의 목소리만 높이고 있는 상황이었습니다.

"이렇게 많은 종파가 있는데, 도대체 어느 것이 진실일까?"

젊은 렌초는 답을 찾기 위해 일본 전역을 돌아다니며 공부했습니다. 고야산에서 진언종을, 가마쿠라에서 정토종을, 교토의 히에이산에서 천태종을 배웠습니다. 하지만 공부할수록 의문은 더욱 깊어졌습니다.

어느 날, 렌초는 천태대사의 저작을 읽다가 깜짝 놀랐습니다. "법화경이야말로 모든 경전 중의 왕이다"라는 구절을 발견한 것입니다. 그 순간 그의 마음에 번개 같은 깨달음이 번쩍였습니다.

"그렇다! 법화경이 바로 부처님의 진실한 가르침이다!"

1253년 4월 28일 새벽, 서른두 살의 렌초는 고향 청정사의 법당에서 큰 소리로 외쳤습니다.

"나무묘법연화경! 나무묘법연화경!"

그 순간부터 그는 니치렌(日蓮)이라는 이름을 사용하기 시작했습니다. 하지만 그의 새로운 가르침은 곧바로 큰 파문을 일으켰습니다. 청정사는 천태종 계열의 절이었는데, 니치렌이 기존 천태종의 가르침을 부정하고 오직 법화경만이 진리라고 주장했기 때문입니다. 더욱이 다른 모든 종파를 잘못된 가르침이라고 선언한 것은 청정사의 다른 승려들에게는 용납할 수 없는 일이었습니다. 분노한 승려들이 니치렌을 공격하려 했고, 니치렌은 가까스로 절을 빠져나와 고향을 떠나야 했습니다. 가마쿠라에 도착한 니치렌은 본격적인 포교와 전법을 시작했습니다. 하지만 그의 가르침은 당시로서는 너무나 급진적이었습니다.

"법화경만이 유일한 진리다. 다른 모든 종파는 사이비다!"

이런 배타적 주장은 많은 사람들의 반발을 샀습니다. 어느 날 한 정토종 신자가 니치렌에게 따졌습니다.

"스님은 왜 다른 종파를 그렇게 비난하십니까? 모든 종교는 나름의 진리가 있는 것 아닙니까?"

니치렌은 단호하게 답했습니다.

"진리는 하나입니다. 여러 개가 있을 수 없습니다. 법화경에서 부처님께서는 분명히 말씀하셨습니다. 이 경전이야말로 최고의 가르침이라고. 다른 종파들은 모두 방편에 불과합니다."

"그럼 지금까지 염불하며 살아온 사람들은 모두 잘못 살아온 것입니까?"

"그렇습니다. 그들은 속고 있는 것입니다. 진짜 구원은 오직 법화경을 통해서만 가능합니다."

이런 강경한 태도는 기존 종파들의 격렬한 반발을 불러일으켰습니다. 1260년, 니치렌은 『입정안국론立正安國論』이라는 글을 써서 당시 카마쿠라 막부의 최고 권력자였던 호조 도키요리(北条時頼)에게 보냈습니다. 몽고의 침략이 임박했던 상황인지라 민심은 흉흉했고 크고 작은 재난이 이어지고 있던 때였습니다. 『입정안국론』에서 그는 당시 일본에 닥친 여러 재해들이 모두 잘못된 가르침이 넘쳐나기 때문이라고 주장했습니다.

"지금 일본에 지진, 기근, 역병이 끊이지 않는 이유는 사람들이 법화경을 버리고 염불이나 선종 같은 사이비 종교를 믿기 때문입니다. 이대로 가면 반드시 외침과 내란이 일어날 것입니다."

이는 정치적으로도 매우 위험한 발언이었습니다. 호조 정권이 후원하는 종파들을 정면으로 비판한 것이었기 때문입니다. 1261년, 마침내 니치렌에게 유배형이 내려졌습니다. 이즈반도의 이토로 유배를 가게 된 것입니다. 제자들이 눈물을 흘리며 전송했지만, 니치렌은 오히려 담담했습니다.

"법을 위해서라면 어떤 고난도 달게 받겠다. 부처님께서도 법화경을 설하시다가 수많은 핍박을 받으셨지 않느냐."

이토에서의 유배 생활은 혹독했습니다. 거친 바닷바람과 추위, 그리고 외로움. 하지만 니치렌은 굴복하지 않았습니다. 오히려 더욱 열심히 법화경을 읽고 제자들에게 편지를 보내며 격려했습니다.

1263년, 유배에서 풀려나 가마쿠라로 돌아온 니치렌은 더욱 적극적인 포교를 시작했습니다. 하지만 상황은 더욱 악화되었습니다. 1271년, 마침내 호조 정권은 니치렌을 처형하기로 결정했습니다. 9월 12일 밤, 니치렌은 가마쿠라의 타쓰노

쿠치 형장으로 끌려갔습니다. 목을 베기 직전, 갑자기 하늘에서 일진광풍이 불더니 번개가 번쩍이며 큰 유성이 떨어졌습니다. 놀란 관리들이 처형을 중단하고 급히 가마쿠라로 연락을 취했습니다.

다음 날 아침, 호조 도키무네는 니치렌의 처형을 중단하고 대신 사도(佐渡)로 유배를 명했습니다. 니치렌은 이 사건을 "타쓰노쿠치 법난"이라 부르며, 자신이 법화경을 위해 목숨을 바칠 각오가 되어 있음을 보인 상징적 사건이라고 여겼습니다.

사도에서의 3년간은 니치렌 일생 중 가장 혹독한 시기였습니다. 한겨울 눈보라가 몰아치는 외딴 섬에서 움막 같은 곳에 갇혀 지내야 했습니다. 먹을 것도 부족하고 병까지 들었지만, 그의 신념은 더욱 확고해졌습니다.

어느 날 제자 니코(日興)가 몰래 사도를 찾아왔습니다.

"스승님, 너무 고생이 심하십니다. 조금만 타협하시면 금방 사면될 텐데요."

니치렌은 고개를 저었습니다.

"니코야, 타협은 진리에 대한 배신이다. 법화경이 진리라면 끝까지 지켜야 한다. 설령 이 몸이 죽더라도 말이다."

"하지만 스승님이 돌아가시면 누가 법화경을 전하겠습니까?"

"걱정하지 마라. 진리는 절대 사라지지 않는다. 너희들이 이어받아 전할 것이다."

사도에서 니치렌은 『개목초開目抄』와 『관심본존초觀心本尊抄』라는 중요한 저작을 완성했습니다. 특히 『개목초』에서 그는 자신을 법화경의 행자行者라고 선언하며, 일본이야말로 법화경이 널리 퍼져야 할 땅이라고 주장했습니다.

1274년, 몽골 침입이 현실화되었습니다. 니치렌이 『입정안국론』에서 예언한 '외침外侵'이 실제로 일어난 것입니다. 이에 놀란 호조 정권은 니치렌을 사면하여 가마쿠라로 불러들였습니다.

"니치렌, 그대의 예언이 맞았다. 이제 어떻게 해야 하겠는가?"

호조 도키무네의 질문에 니치렌은 명확하게 답했습니다.

"답은 하나입니다. 일본 전체가 법화경으로 돌아와야 합니다. 다른 모든 종파를 금지하고 오직 법화경만을 신봉해야 나라가 평안해질 것입니다."

하지만 이런 요구는 받아들여지지 않았습니다. 오히려 기존 종파들의 반발만 더욱 거세졌습니다. 실망한 니치렌은 1274년 5월, 가마쿠라를 떠나 미노부산(身延山)으로 들어갔습니다. 그곳에서 그는 남은 생을 제자 양성과 저술에 바쳤습니다.

"나는 이제 세상과 등지고 산에서 살겠다. 하지만 법화경의 진리는 반드시 후세에 전해질 것이다."

미노부산에서의 9년간, 니치렌은 많은 제자들을 길러냈습니다. 특히 닛쇼(日昭), 니치로(日朗), 닛코(日興), 니코(日向), 닛초(日頂), 닛지(日持) 등 6명의 제자들은 후에 일련종의 기둥이 되었습니다. 또한 어린나이의 손상좌였던 경일환(経一丸, 후의 니치조)에게는 교토 포교라는 특별한 사명을 부여하게 됩니다.

"니치조야, 너에게 특별한 임무를 맡기고 싶다."

"스승님, 무엇이든 분부하십시오."

"교토에 가서 법화경을 전하거라. 일본의 심장부에 진리의 씨앗을 뿌려야 한다."

니치조는 깜짝 놀랐습니다. 교토는 기존 불교 세력들의 본거지였습니다. 특히 천태종의 총본산 엔랴쿠지와 진언종의 도지(東寺)가 있는 곳이었습니다.

"스승님, 교토는 너무 위험합니다. 기존 종파의 승려들이 절대 가만두지 않을 것입니다."

니치렌은 미소를 지으며 대답했습니다.

"그렇기 때문에 더욱 중요한 것이다. 진리는 가장 어려운 곳에 먼저 뿌려져야 한다. 네가 할 수 있겠느냐?"

니치조는 스승의 눈빛을 보며 깊은 감명을 받았습니다.

"알겠습니다. 목숨을 걸고 교토에 법화경을 전하겠습니다."

1294년, 니치조는 교토에 도착하여 전법과 포교를 시작했습니다. 하지만 예상대로 엄청난 반발에 부딪혔습니다. 엔랴쿠지의 승병들이 그를 추방하려 했고, 조정에서도 출입을 금지했습니다.

그러나 니치조는 포기하지 않았습니다. 낮에는 숨어서 지내고 밤에는 몰래 나와서 사람들에게 법화경을 전했습니다. 20여 년간의 끈질긴 노력 끝에 마침내 일부 귀족들과 상인들이 그의 가르침에 귀를 기울이기 시작했습니다.

1321년, 니치조는 마침내 고다이고 천황으로부터 교토 전법과 포교 허가를 받아냈습니다. 그리고 그 해에 간사이(關西) 지방 최초의 법화경 사찰인 묘켄지(妙顯寺)를 창건했습니다. 이는 일련종日蓮宗이 일본의 중심부에 공식적으로 발을 들여

놓은 역사적 순간이었습니다.

묘켄지의 창건은 단순한 절 하나를 창건한 것이 아니었습니다. 그것은 니치렌의 가르침이 마침내 일본의 심장부에 뿌리를 내렸다는 상징이었습니다. 기존 불교 세력들의 강력한 반대에도 불구하고 법화경의 진리가 승리했다는 증거였습니다.

훗날 니치조는 제자들에게 이렇게 말했습니다.

"스승님께서 말씀하신 대로였습니다. 진리는 반드시 길을 찾는다고. 아무리 어려운 곳이라도 참된 가르침은 결국 사람들의 마음을 움직입니다. 이 묘켄지가 바로 그 증거입니다."

어느 날 한 제자가 물었습니다.

"스승님, 저희는 왜 이렇게 많은 핍박을 받아야 합니까? 다른 종파들처럼 온화하게 포교하면 안 됩니까?"

니치렌은 단호하게 답했습니다.

"법화경에서는 말씀하셨다. 말법시대에는 법화경의 행자가 반드시 핍박을 받을 것이라고. 우리가 받는 고난은 바로 우리가 올바른 길을 가고 있다는 증거다."

"그럼 언제까지 이런 고난이 계속될까요?"

"진리는 반드시 승리한다. 지금은 비록 소수이지만, 언젠가는 일본 전체가, 아니 전 세계가 법화경의 진리를 깨닫게 될 것이다."

1282년 10월 13일, 니치렌은 61세의 나이로 입적했습니다. 임종을 앞두고 그는 제자들에게 마지막 유언을 남겼습니다.

"나는 평생 법화경을 위해 살았다. 너희들도 법화경을 수호하는 일에 목숨을 걸어라. 비록 지금은 어렵더라도 반드시 때가 올 것이다."

"스승님의 뜻을 어떻게 이어가야 할까요?"

"일본뿐만 아니라 전 세계에 법화경을 전파하라. 그것이 나의 유지遺志다."

니치렌이 입적한 후, 그의 제자들은 여러 파로 나뉘어 각자의 길을 걸었습니다. 하지만 모두 스승의 뜻을 받들어 법화경 전파에 힘썼습니다. 니치렌이 창시한 니치렌종(일련종)은 후에 일본불교의 한 축을 이루게 되었습니다. 특히 에도 시대에는 도시 상공업자들 사이에서 큰 인기를 얻었고, 현재도 많은 신도들이 "나무묘법연화경"을 염하며 살아가고 있습니다.

니치렌의 사상은 일본인의 정신구조에도 큰 영향을 끼쳤습니다. 그의 강렬한 신념과 불굴의 투지, 그리고 일본을 법화경의 나라로 만들겠다는 의지는 후에 일본 민족주의의 한 원류가 되기도 했습니다. 또한 그의 『입정안국론』에 나타난 "올바른 종교가 서야 나라가 평안하다"는 사상은 정치와 종교의 관계에 대한 중요한 통찰을 제시했습니다. 현대에도 니치렌의 가르침을 따르는 단체들이 세계 각지에서 활동하고 있습니다. 그들은 모두 니치렌의 신념처럼 법화경의 진리를 전 세계에 펼치겠다는 의지를 갖고 있습니다.

니치렌의 삶은 한 인간이 자신의 신념을 위해 어디까지 헌신할 수 있는지를 보여주는 극적인 드라마였습니다. 처형 직전까지 갔던 목숨의 위기, 혹독한 유배 생활, 세상과의 결별. 하지만 그 모든 고난 속에서도 그는 자신의 신념을 굽히지 않았습니다.

"나무묘법연화경", 오늘도 일본 곳곳에서 울려 퍼지는 이 염불소리 속에는 700여 년 전 한 수행자의 불굴의 신념이 고스란히 담겨 있습니다. 진리를 위해서라면 어떤 고난도 기꺼이 감수하겠다던 그의 의지가 지금도 많은 이들의 마음을 울리고 있는 것입니다.

에필로그

"길 위에서 꽃피운 자비"
– 일본불교, 그 독특한 여정에 대하여

불교가 처음 일본 땅에 발을 디딘 것은 6세기 중엽, 백제를 통해서였습니다. 백제의 사신이 일본 땅에 도착했을 때, 그들이 가져온 것은 단순히 불상과 경전만이 아니었습니다. 그것은 히말라야를 넘고 실크로드를 거쳐, 중국 대륙을 건너온 위대한 정신의 씨앗이었습니다. 석가모니 부처님께서 보리수 아래에서 깨달으신 진리가 천 년의 시간과 만 리의 거리를 건너, 마침내 동쪽 끝 섬나라에 닿은 것입니다.

하지만 씨앗은 토양에 따라 다른 나무로 자라나는 법입니다. 뜨거운 인도의 태양 아래서 싹튼 보리수가 중국의 험준한 산악에서는 소나무가 되었듯이, 일본에 뿌리내린 불교는 또 다른 모습으로 꽃을 피우게 됩니다. 바다로 둘러싸인 섬나라의 독특한 풍토, 신도神道라는 토착 신앙과의 만남, 그리고 무엇보다 고통받는 민중들의 간절한 염원이 어우러져, 일본불교는 인도에서도, 중국에서도 볼 수 없던 독자적이고 창의적인 길을 걸어가게 됩니다.

천년의 여정, 시대를 따라 변화하다

일본불교의 역사를 이해하려면 먼저 시대의 흐름을 알아야 합니다. 각 시대마다 불교는 다른 모습으로 일본인들과 함께 숨 쉬었습니다.

아스카·나라 시대(飛鳥·奈良時代, 6~8세기) : 불교가 처음 전래된 시기로, 불교는 국가를 보호하는 '진호국가鎮護國家'의 종교였습니다. 쇼토쿠 태자(聖德太子)가 호류지(法隆寺)를 세우고, 나라의 대불로 유명한 도다이지(東大寺)가 건립되었습니다. 이 시기 불교는 주로 왕실과 귀족의 전유물이었고, 화려한 사원 건축과 불상 조성이 중심이었습니다.

헤이안 시대(平安時代, 8~12세기) : 교토로 수도가 옮겨지면서 불교도 새로운 국면을 맞이합니다. 사이초(最澄)가 중국에서 천태종을 들여와 히에이산(比叡山)에 엔랴쿠지(延曆寺)를 세웠고, 쿠카이(空海)는 진언밀교를 전하며 고야산高野山에 금강봉사金剛峯寺를 창건했습니다. 이 시기는 귀족 불교의 전성

기로, 복잡한 의례와 밀교적 수행이 발달했습니다. 하지만 말기로 갈수록 사원의 타락과 승병僧兵의 발호로 불교 본래의 정신이 흐려졌습니다.

가마쿠라 시대(鎌倉時代, 12~14세기) : 일본불교 역사상 가장 혁명적인 시기입니다. 무사 계급이 정권을 잡고, 전쟁과 재난이 이어지면서 기존의 귀족 불교는 민중의 고통에 답을 줄 수 없었습니다. 바로 이때 위대한 개혁자들이 등장합니다.

호넨(法然, 1133~1212)은 정토종을 창시하며 "오직 염불만으로"를 외쳤고, 그의 제자 신란(親鸞, 1173~1263)은 정토진종을 세워 "악인이야말로 구원의 대상"이라는 파격적 주장을 펼쳤습니다. 잇펜(一遍, 1239~1289)은 시종時宗을 창시하며 거리에서 춤추는 염불로 민중과 함께했습니다. 에이사이(榮西)와 도겐(道元, 1200~1253)은 중국에서 선불교를 가져와 각각 임제종과 조동종을 세웠고, 니치렌(日蓮, 1222~1282)은 법화불교를 창시하며 적극적인 사회 참여를 주장했습니다. 이 시기야말로 일본불교가 진정으로 대중의 종교가 된 때였습니다.

무로마치·전국 시대(室町·戰國時代, 14~16세기) : 선불교가 무사 계급의 지지를 받으며 크게 발전했습니다. 선종 사원을 중심으로 수묵화, 다도, 정원 문화 등 일본 고유의 미의식이 형성되었습니다. 하지만 전국시대의 혼란 속에서 일향종(정토진종)의 신도들이 '일향일기一向一揆'라는 농민 봉기를 일으키는 등, 불교는 사회적 힘으로도 작용했습니다.

에도 시대(江戶時代, 17~19세기) : 도쿠가와 막부가 천하를 통일하고 이백여 년간의 평화가 찾아왔습니다. 이 시기 불교는 또 다른 전환점을 맞이하게 됩니다. 막부는 '단가제도檀家制度'라는 독특한 제도를 만들었는데, 이는 모든 백성을 특정 사찰에 의무적으로 소속시켜 호적을 관리하게 한 것이었습니다. 태어나면 사찰에 등록하고, 장례와 제사도 반드시 사찰에서 치러야 했습니다.

한편으로 이는 불교가 일본인의 삶과 죽음, 그 모든 순간에 깊이 뿌리내리는 계기가 되었습니다. 장례 문화는 완전히 불교식으로 정착되었고, 조상 제사 또한 사찰이 중심이 되었습니다. 하지만 다른 한편으로는 불교가 국가 통치의 도구가 되면서 관료화되고 형식화되는 문제를 낳기도 했습니다. 사찰은 단순히 호적을 관리하는 관청처럼 되어 버렸고, 승려들은 의례를 집행하는 공무원 같은 존재가 되어 갔습니다.

그럼에도 이 시기에는 선불교를 중심으로 깊이 있는 정신문화가 꽃피었습니다. 이 책에서 만날 타쿠앙(澤庵, 1573~1645)이 활동한 시기가 바로 에도 시대 초기입니다. 그는 선과 검도를 결합시키며 무사 계급의 정신적 스승이 되었고, 쇼군조차 그의 가르침을 구했습니다. 또한 하이쿠의 거장 바쇼(芭蕉)나 선승 하쿠인(白隱) 같은 인물들이 나타나 불교 정신을 예술과 문학으로 승화시켰습니다.

메이지 시대 이후(明治時代 以後, 19세기 후반~) : 메이지 유신 정부는 천황을 중심으로 한 국가 체제를 세우면서 신도神道를 국교로 삼았습니다. 이 과정에서 '폐불훼석廢佛毀釋' 운동이 일어났는데, 이는 불교를 폐하고 석가모니를 훼손한다는 뜻으로, 전국적으로 사찰과 불상이 파괴되는 큰 탄압이 벌어졌습니다. 천 년 이상 일본 문화의 중심이었던 불교는 하루아침에 탄압의 대상이 되었고, 수많은 문화재가 사라졌습니다. 하지만 불교는 이 시련을 극복하며 현대적으로 재해석되었고, 오늘날에도 일본인의 삶과 문화 깊숙이 자리 잡고 있습니다.

이렇게 천 년이 넘는 시간 동안, 일본불교는 국가 종교에서 귀족 종교로, 다시 민중 종교로 변화하며 일본 역사와 함께 호흡해 왔습니다. 특히 가마쿠라 시대는 일본불교의 황금기로, 이 시기에 나타난 혁신적인 사상과 실천은 오늘날까지 큰 영향을 미치고 있습니다.

대중 속으로 들어간 부처님

일본불교를 이해하는 첫 번째 열쇠는 '대중성'입니다. 인도나 중국에서 불교가 주로 사원과 승려 중심이었다면, 일본에서는 일찍부터 일반 백성들의 삶 속으로 깊숙이 파고들었습니다. 이 책에서 만나본 쿠야스님이 길거리에서 춤추며 염불한 것이나, 잇펜 스님이 시장 한복판에서 사람들과 함께 넴부츠 오도리(염불춤)를 춘 것은 바로 이런 특징을 보여줍니다.

나라 시대와 헤이안 시대 초기, 불교는 주로 국가의 보호를 받는 귀족 종교였습니다. 화려한 사원들이 건립되었고, 복잡한 의례와 밀교적 수행이 중심이었습니다. 하지만 헤이안 시대 말기부터 가마쿠라 시대에 걸쳐 일본 사회는 큰 변화를 겪습니다. 전쟁과 재난이 잇따랐고, 기존의 귀족 중심 사회가 무너지면서 무사 계급과 일반 백성들이 새로운 정신적 지주를 필요로 하게 되었습니다.

바로 이 시기에 일본불교의 위대한 혁신가들이 등장합니다. 호넨(法然)은 복잡한 수행보다 염불만으로도 구원받을 수 있다고 가르쳤고, 그의 제자 신란(親鸞)은 한 걸음 더 나아가 악인이야말로 구원의 정기正機라는 파격적인 주장을 펼쳤습니다. 도겐(道元)은 선불교를 일본에 정착시키며 "수행과 깨달음이 둘이 아니다(修證一如)"라는 독특한 사상을 펼쳤습니다. 니치렌(日蓮)은 법화경만이 참된 가르침이라며 적극적인 사회 참여를 주장했습니다.

단순함 속의 깊이

일본불교의 두 번째 특징은 '단순화'입니다. 하지만 이것은 얕음을 의미하지 않습니다. 오히려 복잡한 교리를 핵심만 남기고 걷어내어, 누구나 이해하고 실천할 수 있도록 만든 것입니다.

"나무아미타불南無阿彌陀佛" 여섯 글자, 혹은 "나무묘법연화경南無妙法蓮華經" 일곱 글자. 이 짧은 염불 속에 불교의 모든 진리가 담겨 있다고 가르친 것이 일본불교입니다. 잇펜 스님이 "한 번의 진실된 염불이면 충분하다"고 말한 것이나, 도겐 선사가 "다만 앉아 있기만 하라(只管打坐)"고 한 것 모두 이런 단순화의 정신을 보여줍니다.

이는 어려운 것을 쉽게 만드는 능력, 본질을 꿰뚫어 보는 통찰에서 나온 것입니다. 경전을 읽지 못하는 농부도, 글을 모르는 노파도 염불 한 번으로 구원받을 수 있다는 가르침은 당시로서는 혁명적이었습니다.

일상이 곧 수행

세 번째 특징은 '일상성'입니다. 일본불교는 일상생활과 종교적 수행을 분리하지 않았습니다. 타쿠앙 스님이 유배지에서 단무지를 만든 것, 쿠야 스님이 거리에서 사람들과 함께 생활

한 것, 잇펜 스님이 시장 한복판에서 춤춘 것 모두 이런 정신을 보여줍니다.

밥 짓는 것, 청소하는 것, 차 마시는 것, 심지어 정원을 가꾸는 것까지 모두 수행이 될 수 있습니다. 선종 사원에서 발달한 다도茶道나 화도華道, 무도武道가 단순한 기술이 아니라 '도道'가 된 것은 이런 맥락입니다. 타쿠앙 스님이 검술가 야규무네노리에게 '무심의 경지'를 가르친 것처럼, 일본에서는 검도 역시 선의 수행법이 되었습니다.

고통받는 이들과 함께

네 번째는 '자비의 실천'입니다. 일본불교의 명승들은 책상머리의 학승이 아니라 거리의 성자들이었습니다. 쿠야 스님은 황족 신분을 버리고 가난한 이들 곁으로 갔고, 잇펜 스님은 거부당하고 멸시받는 곳에서도 염불을 멈추지 않았습니다.

특히 가마쿠라 시대의 명승들은 전란으로 고통받는 민중들과 함께 울고 웃었습니다. 이들은 높은 담장 안의 사원이 아니라 길 위에서, 시장에서, 사람들이 사는 곳 어디에나 있었습니다. 거리를 떠돌며 중생구제에 헌신한 잇펜 스님을 사람들이 '스테히지리(捨聖)', 즉 '모든 것을 버린 성자'라고 부른 것은 이런 정신을 잘 보여줍니다.

현실 긍정의 정신

다섯 번째는 '현실 긍정'입니다. 인도불교가 현실을 고통의 바다로 보고 그것으로부터의 해탈을 강조했다면, 일본불교는 현실 그 자체가 이미 극락일 수 있다고 가르쳤습니다. 잇펜 스님의 "지옥에 들어선 줄 알았는데 극락이로구나"라는 깨달음이 바로 이것입니다.

지옥과 극락이 따로 있는 것이 아니라 마음먹기에 달렸다는 가르침. 이는 현실을 부정하거나 도피하지 않고, 바로 이 자리에서 부처님의 세계를 실현하려는 적극적 자세입니다. 이런 정신은 일본문화 전반에 깊은 영향을 미쳐, 선종에서 발달한 정원 문화나 미의식에서 그 흔적을 찾아볼 수 있습니다.

혁신과 창조의 용기

마지막으로 일본불교 수행자들의 가장 큰 장점은 '혁신의 용기'였습니다. 이들은 전통을 맹목적으로 따르지 않고, 시대와 사람들의 필요에 맞게 불교를 새롭게 해석하고 실천했습니다. 넴부츠오도리라는 춤추는 염불을 창안한 것, 무도와 불교를 결합시킨 것, 일상의 모든 행위를 수행으로 승화시킨 것 모두 창의적 혁신의 결과였습니다.

이런 혁신은 부처님의 가르침을 배반하는 것이 아니라, 오히려 그 정신을 더 충실히 구현하는 것이었습니다. "중생을 구제하라"는 부처님의 근본 가르침을 실현하기 위해, 이들은 기존의 틀을 과감히 벗어났던 것입니다.

이 책에서 만나 본 일본의 명승들은 모두 이런 특징들을 체현한 분들입니다. 이들의 이야기는 단순히 옛날이야기가 아닙니다. 어떻게 살아야 하는가, 무엇이 진정으로 중요한가에 대한 깊은 통찰을 담고 있습니다. 복잡한 현대를 살아가는 우리에게, 이들의 단순하지만 깊은 가르침은 여전히 큰 울림으로 다가올 것입니다.

지은이 보경(普鏡) 성덕(聖德) 함현준

동국대학교 불교학과와 동 대학원에서 공부하고 철학박사 학위를 받았다. 31년간 군문에서 장병들과 동고동락하며 포교와 전법의 길을 걸어왔다. 현재 교토 류코쿠대학(龍谷大學) 세계불교문화연구센터 연구원으로 '종교의 사회적 기능과 역할'을 연구하며, 간사이 최초의 법화도량인 대본산 묘현사(妙顯寺)에서 수행하고 있다. 천년고도 교토에서 일본불교 명승들의 발자취를 따라가며, 번뇌와 함께 춤추는 법을 찾고 있는 중이다.

저서로 『나를 바꾸는 힘』, 『병사와 풍경소리』, 『4인 4색 길을 말하다』, 『한국 군승제도 연구』 등이, 논문으로 「스즈키 쇼산(鈴木正三)의 『萬民德用』 硏究」, 「Image Making을 통한 군포교의 발전방안 연구」, 「탈종교화시대의 포교활동 방향에 대한 고찰」 등 다수가 있다.

번뇌와 함께 춤춰라

초판 1쇄 인쇄 2026년 1월 13일 | 초판 1쇄 발행 2026년 1월 20일
글쓴이 함현준 | 펴낸이 김시열
펴낸곳 도서출판 운주사
(02832) 서울시 성북구 동소문로 67-1 성심빌딩 3층
전화 (02) 926-8361 | 팩스 0505-115-8361
ISBN 978-89-5746-906-4 03220 값 15,000원
http://cafe.daum.net/unjubooks 〈다음카페: 도서출판 운주사〉